T&P BOOKS

I0170367

ÁRABE
VOCABULÁRIO

PALAVRAS MAIS ÚTEIS

PORTUGUÊS
ÁRABE

Para alargar o seu léxico e apurar
as suas competências linguísticas

3000 palavras

Vocabulário Português-Árabe - 3000 palavras
Por Andrey Taranov

Os vocabulários da T&P Books destinam-se a ajudar a aprender, a memorizar, e a rever palavras estrangeiras. O dicionário é dividido em temas, cobrindo todas as principais esferas de atividades quotidianas, negócios, ciência, cultura, etc.

O processo de aprendizagem, utilizando os dicionários baseados em temáticas da T&P Books dá-lhe as seguintes vantagens:

- Informação de origem corretamente agrupada predetermina o sucesso em fases subsequentes da memorização de palavras
- Disponibilização de palavras derivadas da mesma raiz, o que permite a memorização de unidades de texto (em vez de palavras separadas)
- Pequenas unidades de palavras facilitam o processo de estabelecimento de vínculos associativos necessários para a consolidação do vocabulário
- O nível de conhecimento da língua pode ser estimado pelo número de palavras aprendidas

T&P Books Publishing
www.tpbooks.com

ISBN: 978-1-78716-778-0

Este livro também está disponível em formato E-book.
Por favor visite www.tpbooks.com ou as principais livrarias on-line.

VOCABULÁRIO ÁRABE
palavras mais úteis

Os vocabulários da T&P Books destinam-se a ajudar a aprender, a memorizar, e a rever palavras estrangeiras. O vocabulário contém mais de 3000 palavras de uso comum organizadas tematicamente.

O vocabulário contém as palavras mais comummente usadas
Recomendado como adicional para qualquer curso de línguas
Satisfaz as necessidades dos iniciados e dos alunos avançados de línguas estrangeiras
Conveniente para o uso diário, sessões de revisão e atividades de auto-teste
Permite avaliar o seu vocabulário

Características especias do vocabulário

*   As palavras estão organizadas de acordo com o seu significado, e não por ordem alfabética
*   As palavras são apresentadas em três colunas para facilitar os processos de revisão e auto-teste
*   As palavras compostas são divididas em pequenos blocos para facilitar o processo de aprendizagem
*   O vocabulário oferece uma transcrição simples e adequada de cada palavra estrangeira

O vocabulário contém 101 tópicos incluindo:

Conceitos básicos, Números, Cores, Meses, Estações do ano, Unidades de medida, Roupas & Acessórios, Alimentos & Nutrição, Restaurante, Membros da Família, Parentes, Caráter, Sentimentos, Emoções, Doenças, Cidade, Passeios, Compras, Dinheiro, Casa, Lar, Escritório, Trabalho no Escritório, Importação & Exportação, Marketing, Pesquisa de Emprego, Desportos, Educação, Computador, Internet, Ferramentas, Natureza, Países, Nacionalidades e muito mais ...

TABELA DE CONTEÚDOS

GUIA DE PRONUNCIAÇÃO

Alfabeto fonético T&P	Exemplo Árabe	Exemplo Português
[a]	[ṭaffa] طفَّى	chamar
[ā]	[iχtār] إختار	rapaz
[e]	[hamburger] هامبورجر	metal
[i]	[zifāf] زفاف	sinónimo
[ī]	[abrīl] أبريل	cair
[u]	[kalkutta] كلكتا	bonita
[ū]	[ʒāmūs] جاموس	trabalho
[b]	[bidāya] بداية	barril
[d]	[saʿāda] سعادة	dentista
[ḍ]	[waḍʿ] وضع	[d] faringealizaçãda
[ʒ]	[arʒantīn] الأرجنتين	talvez
[ð]	[tiðkār] تذكار	[z] - fricativa dental sonora não-sibilante
[ẓ]	[ẓahar] ظهر	[z] faringealizaçãda
[f]	[χafīf] خفيف	safári
[g]	[gūlf] جولف	gosto
[h]	[ittiʒāh] إتجاه	[h] aspirada
[ḥ]	[aḥabb] أحبّ	[h] faringealizaçãda
[y]	[ðahabiy] ذهبيّ	géiser
[k]	[kursiy] كرسيّ	kiwi
[l]	[lamaḥ] لمح	libra
[m]	[marṣad] مرصد	magnólia
[n]	[ʒanūb] جنوب	natureza
[p]	[kaputʃīnu] كابتشينو	presente
[q]	[waθiq] وثق	teckel
[r]	[rūḥ] روح	riscar
[s]	[suχriyya] سخرية	sanita
[ṣ]	[miʿṣam] معصم	[s] faringealizaçãda
[ʃ]	[ʿaʃāʾ] عشاء	mês
[t]	[tannūb] تنّوب	tulipa
[ṭ]	[χarīṭa] خريطة	[t] faringealizaçãda
[θ]	[mamūθ] ماموث	[s] - fricativa dental surda não-sibilante
[v]	[vitnām] فيتنام	fava
[w]	[waddaʿ] ودّع	página web
[χ]	[baχīl] بخيل	fricativa uvular surda
[ɣ]	[taɣadda] تغدّى	agora

Alfabeto fonético T&P	Exemplo Árabe	Exemplo Português
[z]	ماعز [mã'iz]	sésamo
['] (ayn)	سبعة [sab'a]	fricativa faríngea sonora
['] (hamza)	سأل [sa'al]	oclusiva glotal

ABREVIATURAS
usadas no vocabulário

Abreviaturas do Árabe

du	-	substantivo plural (duplo)
f	-	nome feminino
m	-	nome masculino
pl	-	plural

Abreviaturas do Português

adj	-	adjetivo
adv	-	advérbio
anim.	-	animado
conj.	-	conjunção
desp.	-	desporto
etc.	-	etecetra
ex.	-	por exemplo
f	-	nome feminino
f pl	-	feminino plural
fem.	-	feminino
inanim.	-	inanimado
m	-	nome masculino
m pl	-	masculino plural
m, f	-	masculino, feminino
masc.	-	masculino
mat.	-	matemática
mil.	-	militar
pl	-	plural
prep.	-	preposição
pron.	-	pronome
sb.	-	sobre
sing.	-	singular
v aux	-	verbo auxiliar
vi	-	verbo intransitivo
vi, vt	-	verbo intransitivo, transitivo
vr	-	verbo reflexivo
vt	-	verbo transitivo

CONCEITOS BÁSICOS

1. Pronomes

eu	ana	أنا
tu (masc.)	anta	أنت
tu (fem.)	anti	أنت
ele	huwa	هو
ela	hiya	هي
nós	naḥnu	نحن
vocês	antum	أنتم
eles, elas	hum	هم

2. Cumprimentos. Saudações

Bom dia! (formal)	as salāmu ʿalaykum!	السلام عليكم!
Bom dia! (de manhã)	ṣabāḥ al ẖayr!	صباح الخير!
Boa tarde!	nahārak saʿīd!	نهارك سعيد!
Boa noite!	masāʾ al ẖayr!	مساء الخير!
cumprimentar (vt)	sallam	سلّم
Olá!	salām!	سلام!
saudação (f)	salām (m)	سلام
saudar (vt)	sallam ʿala	سلّم على
Como vai?	kayfa ḥāluka?	كيف حالك؟
O que há de novo?	ma aẖbārak?	ما أخبارك؟
Até à vista!	maʿ as salāma!	مع السلامة!
Até breve!	ilal liqāʾ!	إلى اللقاء!
Adeus!	maʿ as salāma!	مع السلامة!
despedir-se (vr)	waddaʿ	ودّع
Até logo!	bay bay!	باي باي!
Obrigado! -a!	ʃukran!	شكرًا!
Muito obrigado! -a!	ʃukran ʒazīlan!	شكرًا جزيلًا!
De nada	ʿafwan	عفوا
Não tem de quê	la ʃukr ʿala wāʒib	لا شكر على واجب
De nada	al ʿafw	العفو
Desculpa!	ʿan iðnak!	عن أذنك!
Desculpe!	ʿafwan!	عفوًا!
desculpar (vt)	ʿaðar	عذر
desculpar-se (vr)	iʿtaðar	إعتذر
As minhas desculpas	ana ʾāsif	أنا آسف
Desculpe!	la tuʾāẖiðni!	لا تؤاخذني!
perdoar (vt)	ʿafa	عفا

por favor	min faḍlak	من فضلك
Não se esqueça!	la tansa!	لا تنس!
Certamente! Claro!	ṭabʿan!	طبعاً!
Claro que não!	abadan!	أبداً!
Está bem! De acordo!	ittafaqna!	إتّفقنا!
Basta!	kifāya!	كفاية!

3. Questões

Quem?	man?	من؟
Que?	māða?	ماذا؟
Onde?	ayna?	أين؟
Para onde?	ila ayna?	إلى أين؟
De onde?	min ayna?	من أين؟

Quando?	mata?	متى؟
Para quê?	li māða?	لماذا؟
Porquê?	li māða?	لماذا؟

Para quê?	li māða?	لماذا؟
Como?	kayfa?	كيف؟
Qual?	ay?	أي؟
Qual? (entre dois ou mais)	ay?	أي؟

A quem?	li man?	لمن؟
Sobre quem?	ʿamman?	عمّن؟
Do quê?	ʿamma?	عمّا؟
Com quem?	maʿ man?	مع من؟

| Quanto, -os, -as? | kam? | كم؟ |
| De quem? (masc.) | li man? | لمن؟ |

4. Preposições

com (prep.)	maʿ	مع
sem (prep.)	bi dūn	بدون
a, para (exprime lugar)	ila	إلى
sobre (ex. falar ~)	ʿan	عن

| antes de ... | qabl | قبل |
| diante de ... | amām | أمام |

sob (debaixo de)	taḥt	تحت
sobre (em cima de)	fawq	فوق
sobre (~ a mesa)	ʿala	على

| de (vir ~ Lisboa) | min | من |
| de (feito ~ pedra) | min | من |

| dentro de (~ dez minutos) | baʿd | بعد |
| por cima de ... | ʿabr | عبر |

5. Palavras funcionais. Advérbios. Parte 1

Onde?	ayna?	أين؟
aqui	huna	هنا
lá, ali	hunāk	هناك

| em algum lugar | fi makānin ma | في مكان ما |
| em lugar nenhum | la fi ay makān | لا في أي مكان |

| ao pé de ... | bi ȝānib | بجانب |
| ao pé da janela | bi ȝānib aʃ ʃubbāk | بجانب الشبّاك |

Para onde?	ila ayna?	إلى أين؟
para cá	huna	هنا
para lá	hunāk	هناك
daqui	min huna	من هنا
de lá, dali	min hunāk	من هناك

| perto | qarīban | قريبًا |
| longe | baʕīdan | بعيدًا |

perto de ...	ʕind	عند
ao lado de	qarīban	قريبًا
perto, não fica longe	ɣayr baʕīd	غير بعيد

esquerdo	al yasār	اليسار
à esquerda	ʕalaʃ ʃimāl	على الشمال
para esquerda	ilaʃ ʃimāl	إلى الشمال

direito	al yamīn	اليمين
à direita	ʕalal yamīn	على اليمين
para direita	llal yamīn	إلى اليمين

à frente	min al amām	من الأمام
da frente	amāmiy	أمامي
em frente (para a frente)	ilal amām	إلى الأمام

atrás de ...	warā'	وراء
por detrás (vir ~)	min al warā'	من الوراء
para trás	ilal warā'	إلى الوراء

| meio (m), metade (f) | wasaṭ (m) | وسط |
| no meio | fil wasat | في الوسط |

de lado	bi ȝānib	بجانب
em todo lugar	fi kull makān	في كل مكان
ao redor (olhar ~)	ḥawl	حول

de dentro	min ad dāχil	من الداخل
para algum lugar	ila ayy makān	إلى أيّ مكان
diretamente	bi aqsar ṭarīq	بأقصر طريق
de volta	ʕyāban	إيابًا

| de algum lugar | min ayy makān | من أي مكان |
| de um lugar | min makānin ma | من مكان ما |

13

em primeiro lugar	awwalan	أوَّلًا
em segundo lugar	θāniyan	ثانِيًا
em terceiro lugar	θāliθan	ثالِثًا
de repente	faʒʼa	فجأة
no início	fil bidāya	في البداية
pela primeira vez	li ʼawwal marra	لأوَّل مرَّة
muito antes de ...	qabl ... bi mudda ṭawīla	قبل...بمدَّة طويلة
de novo, novamente	min ʒadīd	من جديد
para sempre	ilal abad	إلى الأبد
nunca	abadan	أبدًا
de novo	min ʒadīd	من جديد
agora	al ʼān	الآن
frequentemente	kaθīran	كثيرًا
então	fi ðalika al waqt	في ذلك الوقت
urgentemente	ʼāʒilan	عاجلًا
usualmente	kal ʼāda	كالعادة
a propósito, ...	ʼala fikra ...	على فكرة...
é possível	min al mumkin	من الممكن
provavelmente	laʼalla	لعلَّ
talvez	min al mumkin	من الممكن
além disso, ...	bil iḍāfa ila ðalik ...	بالإضافة إلى...
por isso ...	li ðalik	لذلك
apesar de ...	bir raɣm min ...	بالرغم من...
graças a ...	bi faḍl ...	بفضل...
que (pron.)	allaði	الذي
que (conj.)	anna	أنَّ
algo	ʃayʼ (m)	شيء
alguma coisa	ʃayʼ (m)	شيء
nada	la ʃayʼ	لا شيء
quem	allaði	الذي
alguém (~ teve uma ideia ...)	aḥad	أحد
alguém	aḥad	أحد
ninguém	la aḥad	لا أحد
para lugar nenhum	la ila ay makān	لا إلى أي مكان
de ninguém	la yaxuṣṣ aḥad	لا يخص أحدًا
de alguém	li aḥad	لأحد
tão	hakaða	هكذا
também (gostaria ~ de ...)	kaðalika	كذلك
também (~ eu)	ayḍan	أيضًا

6. Palavras funcionais. Advérbios. Parte 2

Porquê?	li māða?	لماذا؟
por alguma razão	li sababin ma	لسبب ما
porque ...	liʼanna ...	لأنَّ...
por qualquer razão	li amr mā	لأمر ما
e (tu ~ eu)	wa	و

ou (ser ~ não ser)	aw	أو
mas (porém)	lakin	لكن
para (~ a minha mãe)	li	لـ

demasiado, muito	kaθīran ʒiddan	كثير جدًا
só, somente	faqaṭ	فقط
exatamente	biḍ ḍabṭ	بالضبط
cerca de (~ 10 kg)	naḥw	نحو

aproximadamente	taqrīban	تقريبًا
aproximado	taqrībiy	تقريبي
quase	taqrīban	تقريبًا
resto (m)	al bāqi (m)	الباقي

cada	kull	كلّ
qualquer	ayy	أيّ
muito	kaθīr	كثير
muitas pessoas	kaθīr min an nās	كثير من الناس
todos	kull an nās	كل الناس

em troca de ...	muqābil ...	مقابل...
em troca	muqābil	مقابل
à mão	bil yad	باليد
pouco provável	hayhāt	هيهات

provavelmente	laʿalla	لعلّ
de propósito	qaṣdan	قصدا
por acidente	ṣudfa	صدفة

muito	ʒiddan	جدًا
por exemplo	maθalan	مثلا
entre	bayn	بين
entre (no meio de)	bayn	بين
tanto	haðihi al kammiyya	هذه الكمية
especialmente	xāṣṣa	خاصّة

NÚMEROS. DIVERSOS

7. Números cardinais. Parte 1

zero	ṣifr	صفر
um	wāḥid	واحد
uma	wāḥida	واحدة
dois	iθnān	إثنان
três	θalāθa	ثلاثة
quatro	arba'a	أربعة
cinco	χamsa	خمسة
seis	sitta	ستّة
sete	sab'a	سبعة
oito	θamāniya	ثمانية
nove	tis'a	تسعة
dez	'aʃara	عشرة
onze	aḥad 'aʃar	أحد عشر
doze	iθnā 'aʃar	إثنا عشر
treze	θalāθat 'aʃar	ثلاثة عشر
catorze	arba'at 'aʃar	أربعة عشر
quinze	χamsat 'aʃar	خمسة عشر
dezasseis	sittat 'aʃar	ستّة عشر
dezassete	sab'at 'aʃar	سبعة عشر
dezoito	θamāniyat 'aʃar	ثمانية عشر
dezanove	tis'at 'aʃar	تسعة عشر
vinte	'iʃrūn	عشرون
vinte e um	wāḥid wa 'iʃrūn	واحد وعشرون
vinte e dois	iθnān wa 'iʃrūn	إثنان وعشرون
vinte e três	θalāθa wa 'iʃrūn	ثلاثة وعشرون
trinta	θalāθīn	ثلاثون
trinta e um	wāḥid wa θalāθūn	واحد وثلاثون
trinta e dois	iθnān wa θalāθūn	إثنان وثلاثون
trinta e três	θalāθa wa θalāθūn	ثلاثة وثلاثون
quarenta	arba'ūn	أربعون
quarenta e um	wāḥid wa arba'ūn	واحد وأربعون
quarenta e dois	iθnān wa arba'ūn	إثنان وأربعون
quarenta e três	θalāθa wa arba'ūn	ثلاثة وأربعون
cinquenta	χamsūn	خمسون
cinquenta e um	wāḥid wa χamsūn	واحد وخمسون
cinquenta e dois	iθnān wa χamsūn	إثنان وخمسون
cinquenta e três	θalāθa wa χamsūn	ثلاثة وخمسون
sessenta	sittūn	ستّون
sessenta e um	wāḥid wa sittūn	واحد وستّون

sessenta e dois	iθnān wa sittūn	إثنان وستّون
sessenta e três	θalāθa wa sittūn	ثلاثة وستّون
setenta	sabʿūn	سبعون
setenta e um	wāḥid wa sabʿūn	واحد وسبعون
setenta e dois	iθnān wa sabʿūn	إثنان وسبعون
setenta e três	θalāθa wa sabʿūn	ثلاثة وسبعون
oitenta	θamānūn	ثمانون
oitenta e um	wāḥid wa θamānūn	واحد وثمانون
oitenta e dois	iθnān wa θamānūn	إثنان وثمانون
oitenta e três	θalāθa wa θamānūn	ثلاثة وثمانون
noventa	tisʿūn	تسعون
noventa e um	wāḥid wa tisʿūn	واحد وتسعون
noventa e dois	iθnān wa tisʿūn	إثنان وتسعون
noventa e três	θalāθa wa tisʿūn	ثلاثة وتسعون

8. Números cardinais. Parte 2

cem	miʾa	مائة
duzentos	miʾatān	مائتان
trezentos	θalāθumiʾa	ثلاثمائة
quatrocentos	rubʿumiʾa	أربعمائة
quinhentos	χamsumiʾa	خمسمائة
seiscentos	sittumiʾa	ستّمائة
setecentos	sabʿumiʾa	سبعمائة
oitocentos	θamānimiʾa	ثمانمائة
novecentos	tisʿumiʾa	تسعمائة
mil	alf	ألف
dois mil	alfān	ألفان
De quem são ...?	θalāθat ʾālāf	ثلاثة آلاف
dez mil	ʿaʃarat ʾālāf	عشرة آلاف
cem mil	miʾat alf	مائة ألف
um milhão	milyūn (m)	مليون
mil milhões	milyār (m)	مليار

9. Números ordinais

primeiro	awwal	أوّل
segundo	θāni	ثان
terceiro	θāliθ	ثالث
quarto	rābiʿ	رابع
quinto	χāmis	خامس
sexto	sādis	سادس
sétimo	sābiʿ	سابع
oitavo	θāmin	ثامن
nono	tāsiʿ	تاسع
décimo	ʿāʃir	عاشر

CORES. UNIDADES DE MEDIDA

10. Cores

cor (f)	lawn (m)	لون
matiz (m)	daraʒat al lawn (m)	درجة اللون
tom (m)	ṣabɣit lūn (f)	لون
arco-íris (m)	qaws quzaḥ (m)	قوس قزح
branco	abyaḍ	أبيض
preto	aswad	أسود
cinzento	ramādiy	رماديّ
verde	aχḍar	أخضر
amarelo	aṣfar	أصفر
vermelho	aḥmar	أحمر
azul	azraq	أزرق
azul claro	azraq fātiḥ	أزرق فاتح
rosa	wardiy	ورديّ
laranja	burtuqāliy	برتقاليّ
violeta	banafsaʒiy	بنفسجي
castanho	bunniy	بنّيّ
dourado	ðahabiy	ذهبيّ
prateado	fiḍḍiy	فضيّ
bege	bɛ:ʒ	بيج
creme	ʿāʒiy	عاجيّ
turquesa	fayrūziy	فيروزيّ
vermelho cereja	karaziy	كرزيّ
lilás	laylakiy	ليلكيّ
carmesim	qirmiziy	قرمزيّ
claro	fātiḥ	فاتح
escuro	ɣāmiq	غامق
vivo	zāhi	زاه
de cor	mulawwan	ملوّن
a cores	mulawwan	ملوّن
preto e branco	abyaḍ wa aswad	أبيض وأسود
unicolor	waḥīd al lawn, sāda	وحيد اللون, سادة
multicor	mutaʿaddid al alwān	متعدّد الألوان

11. Unidades de medida

peso (m)	wazn (m)	وزن
comprimento (m)	ṭūl (m)	طول

largura (f)	'arḍ (m)	عرض
altura (f)	irtifāʿ (m)	إرتفاع
profundidade (f)	ʿumq (m)	عمق
volume (m)	ḥaʒm (m)	حجم
área (f)	misāḥa (f)	مساحة

grama (m)	grām (m)	جرام
miligrama (m)	milliɣrām (m)	مليغرام
quilograma (m)	kiluɣrām (m)	كيلوغرام
tonelada (f)	ṭunn (m)	طن
libra (453,6 gramas)	raṭl (m)	رطل
onça (f)	ūnṣa (f)	أونصة

metro (m)	mitr (m)	متر
milímetro (m)	millimitr (m)	مليمتر
centímetro (m)	santimitr (m)	سنتيمتر
quilómetro (m)	kilumitr (m)	كيلومتر
milha (f)	mīl (m)	ميل

polegada (f)	būṣa (f)	بوصة
pé (304,74 mm)	qadam (f)	قدم
jarda (914,383 mm)	yārda (f)	ياردة

metro (m) quadrado	mitr murabbaʿ (m)	متر مربّع
hectare (m)	hiktār (m)	هكتار

litro (m)	litr (m)	لتر
grau (m)	daraʒa (f)	درجة
volt (m)	vūlt (m)	فولت
ampere (m)	ambīr (m)	أمبير
cavalo-vapor (m)	ḥiṣān (m)	حصان

quantidade (f)	kammiyya (f)	كمّية
um pouco de ...	qalīl ...	قليل...
metade (f)	niṣf (m)	نصف
dúzia (f)	iθnā ʿaʃar (f)	إثنا عشر
peça (f)	waḥda (f)	وحدة

dimensão (f)	ḥaʒm (m)	حجم
escala (f)	miqyās (m)	مقياس

mínimo	al adna	الأدنى
menor, mais pequeno	al aṣɣar	الأصغر
médio	mutawassiṭ	متوسّط
máximo	al aqṣa	الأقصى
maior, mais grande	al akbar	الأكبر

12. Recipientes

boião (m) de vidro	barṭamān (m)	برطمان
lata (~ de cerveja)	tanaka (f)	تنكة
balde (m)	ʒardal (m)	جردل
barril (m)	barmīl (m)	برميل
bacia (~ de plástico)	ḥawḍ lil ɣasīl (m)	حوض للغسيل

tanque (m)	ҳazzān (m)	خزّان
cantíl (m) de bolso	zamzamiyya (f)	زمزمیة
bidão (m) de gasolina	ʒirikan (m)	جرکن
cisterna (f)	ҳazzān (m)	خزّان
caneca (f)	māgg (m)	ماج
chávena (f)	finʒān (m)	فنجان
pires (m)	ṭabaq finʒān (m)	طبق فنجان
copo (m)	kubbāya (f)	کبّایة
taça (f) de vinho	ka's (f)	کأس
panela, caçarola (f)	kassirūlla (f)	کاسرولة
garrafa (f)	zuʒāʒa (f)	زجاجة
gargalo (m)	'unq (m)	عنق
jarro, garrafa (f)	dawraq zuʒāʒiy (m)	دورق زجاجيّ
jarro (m) de barro	ibrīq (m)	إبريق
recipiente (m)	inā' (m)	إناء
pote (m)	aṣīṣ (m)	أصيص
vaso (m)	vāza (f)	فازة
frasco (~ de perfume)	zuʒāʒa (f)	زجاجة
frasquinho (ex. ~ de iodo)	zuʒāʒa (f)	زجاجة
tubo (~ de pasta dentífrica)	umbūba (f)	أنبوبة
saca (ex. ~ de açúcar)	kīs (m)	کیس
saco (~ de plástico)	kīs (m)	کیس
maço (m)	'ulba (f)	علبة
caixa (~ de sapatos, etc.)	'ulba (f)	علبة
caixa (~ de madeira)	ṣundū' (m)	صندوق
cesta (f)	salla (f)	سلّة

VERBOS PRINCIPAIS

13. Os verbos mais importantes. Parte 1

abrir (vt)	fataḥ	فتح
acabar, terminar (vt)	atamm	أتمّ
aconselhar (vt)	naṣaḥ	نصح
adivinhar (vt)	xamman	خمّن
advertir (vt)	ḥaððar	حذّر
ajudar (vt)	sāʿad	ساعد
almoçar (vi)	taɣadda	تغدّى
alugar (~ um apartamento)	istaʾʒar	إستأجر
amar (vt)	aḥabb	أحبّ
ameaçar (vt)	haddad	هدّد
anotar (escrever)	katab	كتب
apanhar (vt)	amsak	أمسك
apressar-se (vr)	istaʿʒal	إستعجل
arrepender-se (vr)	nadim	ندم
assinar (vt)	waqqaʿ	وقّع
atirar, disparar (vi)	aṭlaq an nār	أطلق النار
brincar (vi)	mazaḥ	مزح
brincar, jogar (crianças)	laʿib	لعب
buscar (vt)	baḥaθ	بحث
caçar (vi)	iṣṭād	إصطاد
cair (vi)	saqaṭ	سقط
cavar (vt)	ḥafar	حفر
cessar (vt)	tawaqqaf	توقّف
chamar (~ por socorro)	istaɣāθ	إستغاث
chegar (vi)	waṣal	وصل
chorar (vi)	baka	بكى
começar (vt)	badaʾ	بدأ
comparar (vt)	qāran	قارن
compreender (vt)	fahim	فهم
concordar (vi)	ittafaq	إتّفق
confiar (vt)	waθiq	وثق
confundir (equivocar-se)	ixtalaṭ	إختلط
conhecer (vt)	ʿaraf	عرف
contar (fazer contas)	ʿadd	عدّ
contar com (esperar)	iʿtamad ʿala ...	إعتمد على...
continuar (vt)	istamarr	إستمرّ
controlar (vt)	taḥakkam	تحكّم
convidar (vt)	daʿa	دعا
correr (vi)	ʒara	جرى

| criar (vt) | χalaq | خلق |
| custar (vt) | kallaf | كلف |

14. Os verbos mais importantes. Parte 2

dar (vt)	aʿṭa	أعطى
dar uma dica	aʿṭa talmīḥ	أعطى تلميحًا
decorar (enfeitar)	zayyan	زيّن
defender (vt)	dāfaʿ	دافع
deixar cair (vt)	awqaʿ	أوقع

descer (para baixo)	nazil	نزل
desculpar-se (vr)	iʿtaðar	إعتذر
dirigir (~ uma empresa)	adār	أدار
discutir (notícias, etc.)	nāqaʃ	ناقش
dizer (vt)	qāl	قال

duvidar (vt)	ʃakk fi	شكّ في
encontrar (achar)	waʒad	وجد
enganar (vt)	χadaʿ	خدع
entrar (na sala, etc.)	daχal	دخل
enviar (uma carta)	arsal	أرسل
errar (equivocar-se)	aχṭaʾ	أخطأ
escolher (vt)	iχtār	إختار
esconder (vt)	χabaʾ	خبأ
escrever (vt)	katab	كتب
esperar (o autocarro, etc.)	intazar	إنتظر

esperar (ter esperança)	tamanna	تمنّى
esquecer (vt)	nasiy	نسي
estudar (vt)	daras	درس
exigir (vt)	ṭālib	طالب
existir (vi)	kān mawʒūd	كان موجودًا

explicar (vt)	ʃaraḥ	شرح
falar (vi)	takallam	تكلّم
faltar (clases, etc.)	ɣāb	غاب
fazer (vt)	ʿamal	عمل

| ficar em silêncio | sakat | سكت |
| gabar-se, jactar-se (vr) | tabāha | تباهى |

gostar (apreciar)	aʿʒab	أعجب
gritar (vi)	ṣaraχ	صرخ
guardar (cartas, etc.)	ḥafaz	حفظ

| informar (vt) | aχbar | أخبر |
| insistir (vi) | aṣarr | أصرّ |

insultar (vt)	ahān	أهان
interessar-se (vr)	ihtamm	إهتمّ
ir (a pé)	maʃa	مشى
ir nadar	sabaḥ	سبح
jantar (vi)	taʿaʃʃa	تعشّى

15. Os verbos mais importantes. Parte 3

ler (vt)	qara'	قرأ
libertar (cidade, etc.)	ḥarrar	حرر
matar (vt)	qatal	قتل
mencionar (vt)	ðakar	ذكر
mostrar (vt)	ʿaraḍ	عرض
mudar (modificar)	ɣayyar	غيّر
nadar (vi)	sabaḥ	سبح
negar-se a ...	rafaḍ	رفض
objetar (vt)	iʿtaraḍ	إعترض
ordenar (mil.)	amar	أمر
ouvir (vt)	samiʿ	سمع
pagar (vt)	dafaʿ	دفع
parar (vi)	waqaf	وقف
participar (vi)	iʃtarak	إشترك
pedir (comida)	ṭalab	طلب
pedir (um favor, etc.)	ṭalab	طلب
pegar (tomar)	aχað	أخذ
pensar (vt)	ẓann	ظنّ
perceber (ver)	lāḥaẓ	لاحظ
perdoar (vt)	ʿafa	عفا
perguntar (vt)	sa'al	سأل
permitir (vt)	raχχaṣ	رخّص
pertencer a ...	χaṣṣ	خصّ
planear (vt)	χaṭṭaṭ	خطّط
poder (vi)	istaṭāʿ	إستطاع
possuir (vt)	malak	ملك
preferir (vt)	faḍḍal	فضّل
preparar (vt)	ḥaḍḍar	حضّر
prever (vt)	tanabba'	تنبّأ
prometer (vt)	waʿad	وعد
pronunciar (vt)	naṭaq	نطق
propor (vt)	iqtaraḥ	إقترح
punir (castigar)	ʿāqab	عاقب

16. Os verbos mais importantes. Parte 4

quebrar (vt)	kasar	كسر
queixar-se (vr)	ʃaka	شكا
querer (desejar)	arād	أراد
recomendar (vt)	naṣaḥ	نصح
repetir (dizer outra vez)	karrar	كرّر
repreender (vt)	wabbaχ	وبّخ
reservar (~ um quarto)	ḥaʒaz	حجز
responder (vt)	aʒāb	أجاب

rezar, orar (vi)	ṣalla	صلّى
rir (vi)	ḍaḥik	ضحك

roubar (vt)	saraq	سرق
saber (vt)	'araf	عرف
sair (~ de casa)	xaraʒ	خرج
salvar (vt)	anqað	أنقذ
seguir ...	taba'	تبع

sentar-se (vr)	ʒalas	جلس
ser necessário	kān maṭlūb	كان مطلوبا
ser, estar	kān	كان
significar (vt)	'ana	عنى

sorrir (vi)	ibtasam	إبتسم
subestimar (vt)	istaxaff	إستخفّ
surpreender-se (vr)	indahaʃ	إندهش
tentar (vt)	ḥāwal	حاول

ter (vt)	malak	ملك
ter fome	arād an ya'kul	أراد أن يأكل
ter medo	xāf	خاف
ter sede	arād an yaʃrab	أراد أن يشرب

tocar (com as mãos)	lamas	لمس
tomar o pequeno-almoço	afṭar	أفطر
trabalhar (vi)	'amal	عمل
traduzir (vt)	tarʒam	ترجم
unir (vt)	waḥḥad	وحّد

vender (vt)	bā'	باع
ver (vt)	ra'a	رأى
virar (ex. ~ à direita)	in'aṭaf	إنعطف
voar (vi)	ṭār	طار

TEMPO. CALENDÁRIO

17. Dias da semana

segunda-feira (f)	yawm al iθnayn (m)	يوم الإثنين
terça-feira (f)	yawm aθ θulāθā' (m)	يوم الثلاثاء
quarta-feira (f)	yawm al arbi'ā' (m)	يوم الأربعاء
quinta-feira (f)	yawm al χamīs (m)	يوم الخميس
sexta-feira (f)	yawm al ʒum'a (m)	يوم الجمعة
sábado (m)	yawm as sabt (m)	يوم السبت
domingo (m)	yawm al aḥad (m)	يوم الأحد
hoje	al yawm	اليوم
amanhã	γadan	غدًا
depois de amanhã	ba'd γad	بعد غد
ontem	ams	أمس
anteontem	awwal ams	أوّل أمس
dia (m)	yawm (m)	يوم
dia (m) de trabalho	yawm 'amal (m)	يوم عمل
feriado (m)	yawm al 'uṭla ar rasmiyya (m)	يوم العطلة الرسمية
dia (m) de folga	yawm 'uṭla (m)	يوم عطلة
fim (m) de semana	ayyām al 'uṭla (pl)	أيام العطلة
o dia todo	ṭūl al yawm	طول اليوم
no dia seguinte	fil yawm at tāli	في اليوم التالي
há dois dias	min yawmayn	قبل يومين
na véspera	fil yawm as sābiq	في اليوم السابق
diário	yawmiy	يومي
todos os dias	yawmiyyan	يوميًا
semana (f)	usbū' (m)	أسبوع
na semana passada	fil isbū' al māḍi	في الأسبوع الماضي
na próxima semana	fil isbū' al qādim	في الأسبوع القادم
semanal	usbū'iy	أسبوعي
cada semana	usbū'iyyan	أسبوعيًا
duas vezes por semana	marratayn fil usbū'	مرتين في الأسبوع
cada terça-feira	kull yawm aθ θulaθā'	كل يوم الثلاثاء

18. Horas. Dia e noite

manhã (f)	ṣabāḥ (m)	صباح
de manhã	fiṣ ṣabāḥ	في الصباح
meio-dia (m)	ẓuhr (m)	ظهر
à tarde	ba'd aẓ ẓuhr	بعد الظهر
noite (f)	masā' (m)	مساء
à noite (noitinha)	fil masā'	في المساء

noite (f)	layl (m)	ليل
à noite	bil layl	بالليل
meia-noite (f)	muntaṣif al layl (m)	منتصف الليل
segundo (m)	θāniya (f)	ثانية
minuto (m)	daqīqa (f)	دقيقة
hora (f)	sā'a (f)	ساعة
meia hora (f)	niṣf sā'a (m)	نصف ساعة
quarto (m) de hora	rub' sā'a (f)	ربع ساعة
quinze minutos	χamsat 'aʃar daqīqa	خمس عشرة دقيقة
vinte e quatro horas	yawm kāmil (m)	يوم كامل
nascer (m) do sol	ʃurūq aʃ ʃams (m)	شروق الشمس
amanhecer (m)	faʒr (m)	فجر
madrugada (f)	ṣabāḥ bākir (m)	صباح باكر
pôr do sol (m)	ɣurūb aʃ ʃams (m)	غروب الشمس
de madrugada	fis ṣabāḥ al bākir	في الصباح الباكر
hoje de manhã	al yawm fiṣ ṣabāḥ	اليوم في الصباح
amanhã de manhã	ɣadan fiṣ ṣabāḥ	غدًا في الصباح
hoje à tarde	al yawm ba'd aẓ ẓuhr	اليوم بعد الظهر
à tarde	ba'd aẓ ẓuhr	بعد الظهر
amanhã à tarde	ɣadan ba'd aẓ ẓuhr	غدًا بعد الظهر
hoje à noite	al yawm fil masā'	اليوم في المساء
amanhã à noite	ɣadan fil masā'	غدًا في المساء
às três horas em ponto	fis sā'a aθ θāliθa tamāman	في الساعة الثالثة تماما
por volta das quatro	fis sā'a ar rābi'a taqrīban	في الساعة الرابعة تقريبا
às doze	ḥattas sā'a aθ θāniya 'aʃara	حتى الساعة الثانية عشرة
dentro de vinte minutos	ba'd 'iʃrīn daqīqa	بعد عشرين دقيقة
dentro duma hora	ba'd sā'a	بعد ساعة
a tempo	fi maw'idih	في موعده
menos um quarto	illa rub'	إلا ربع
durante uma hora	ṭiwāl sā'a	طوال الساعة
a cada quinze minutos	kull rub' sā'a	كل ربع ساعة
as vinte e quatro horas	layl nahār	ليل نهار

19. Meses. Estações

janeiro (m)	yanāyir (m)	يناير
fevereiro (m)	fibrāyir (m)	فبراير
março (m)	māris (m)	مارس
abril (m)	abrīl (m)	أبريل
maio (m)	māyu (m)	مايو
junho (m)	yūnyu (m)	يونيو
julho (m)	yūlyu (m)	يوليو
agosto (m)	aɣusṭus (m)	أغسطس
setembro (m)	sibtambar (m)	سبتمبر
outubro (m)	uktūbir (m)	أكتوبر
novembro (m)	nuvimbar (m)	نوفمبر

dezembro (m)	disimbar (m)	ديسمبر
primavera (f)	rabī' (m)	ربيع
na primavera	fir rabī'	في الربيع
primaveril	rabī'iy	ربيعي
verão (m)	ṣayf (m)	صيف
no verão	fiṣ ṣayf	في الصيف
de verão	ṣayfiy	صيفي
outono (m)	χarīf (m)	خريف
no outono	fil χarīf	في الخريف
outonal	χarīfiy	خريفي
inverno (m)	ʃitāʼ (m)	شتاء
no inverno	fiʃ ʃitāʼ	في الشتاء
de inverno	ʃitawiy	شتويَ
mês (m)	ʃahr (m)	شهر
este mês	fi haða aʃ ʃahr	في هذا الشهر
no próximo mês	fiʃ ʃahr al qādim	في الشهر القادم
no mês passado	fiʃ ʃahr al māḍi	في الشهر الماضي
há um mês	qabl ʃahr	قبل شهر
dentro de um mês	baʿd ʃahr	بعد شهر
dentro de dois meses	baʿd ʃahrayn	بعد شهرين
todo o mês	ṭūl aʃ ʃahr	طول الشهر
um mês inteiro	ʃahr kāmil	شهر كامل
mensal	ʃahriy	شهريَ
mensalmente	kull ʃahr	كل شهر
cada mês	kull ʃahr	كل شهر
duas vezes por mês	marratayn fiʃ ʃahr	مرّتين في الشهر
ano (m)	sana (f)	سنة
este ano	fi haðihi as sana	في هذه السنة
no próximo ano	fis sana al qādima	في السنة القادمة
no ano passado	fis sana al māḍiya	في السنة الماضية
há um ano	qabla sana	قبل سنة
dentro dum ano	baʿd sana	بعد سنة
dentro de 2 anos	baʿd sanatayn	بعد سنتين
todo o ano	ṭūl as sana	طول السنة
um ano inteiro	sana kāmila	سنة كاملة
cada ano	kull sana	كل سنة
anual	sanawiy	سنويَ
anualmente	kull sana	كل سنة
quatro vezes por ano	arbaʿ marrāt fis sana	أربع مرّات في السنة
data (~ de hoje)	tarīχ (m)	تاريخ
data (ex. ~ de nascimento)	tarīχ (m)	تاريخ
calendário (m)	taqwīm (m)	تقويم
meio ano	niṣf sana (m)	نصف سنة
seis meses	niṣf sana (m)	نصف سنة
estação (f)	faṣl (m)	فصل
século (m)	qarn (m)	قرن

VIAGENS. HOTEL

20. Viagens

turismo (m)	siyāḥa (f)	سياحة
turista (m)	sā'iḥ (m)	سائح
viagem (f)	riḥla (f)	رحلة
aventura (f)	muɣāmara (f)	مغامرة
viagem (f)	riḥla (f)	رحلة
férias (f pl)	ʿuṭla (f)	عطلة
estar de férias	ʿindahu ʿuṭla	عنده عطلة
descanso (m)	istirāḥa (f)	إستراحة
comboio (m)	qiṭār (m)	قطار
de comboio (chegar ~)	bil qiṭār	بالقطار
avião (m)	ṭā'ira (f)	طائرة
de avião	biṭ ṭā'ira	بالطائرة
de carro	bis sayyāra	بالسيّارة
de navio	bis safīna	بالسفينة
bagagem (f)	aʃ ʃunaṭ (pl)	الشنط
mala (f)	ḥaqībat safar (f)	حقيبة سفر
carrinho (m)	ʿarabat ʃunaṭ (f)	عربة شنط
passaporte (m)	ʒawāz as safar (m)	جواز السفر
visto (m)	ta'ʃīra (f)	تأشيرة
bilhete (m)	taðkira (f)	تذكرة
bilhete (m) de avião	taðkirat ṭā'ira (f)	تذكرة طائرة
guia (m) de viagem	dalīl (m)	دليل
mapa (m)	χarīṭa (f)	خريطة
local (m), area (f)	mintaqa (f)	منطقة
lugar, sítio (m)	makān (m)	مكان
exotismo (m)	ɣarāba (f)	غرابة
exótico	ɣarīb	غريب
surpreendente	mudhiʃ	مدهش
grupo (m)	maʒmūʿa (f)	مجموعة
excursão (f)	ʒawla (f)	جولة
guia (m)	murʃid (m)	مرشد

21. Hotel

hotel (m)	funduq (m)	فندق
motel (m)	mutīl (m)	موتيل
três estrelas	θalāθat nuʒūm	ثلاثة نجوم

cinco estrelas	χamsat nuʒūm	خمسة نجوم
ficar (~ num hotel)	nazal	نزل
quarto (m)	ɣurfa (f)	غرفة
quarto (m) individual	ɣurfa li ʃaχs wāḥid (f)	غرفة لشخص واحد
quarto (m) duplo	ɣurfa li ʃaχsayn (f)	غرفة لشخصين
reservar um quarto	ḥaʒaz ɣurfa	حجز غرفة
meia pensão (f)	waʒbitān fil yawm (du)	وجبتان في اليوم
pensão (f) completa	θalāθ waʒabāt fil yawm	ثلاث وجبات في اليوم
com banheira	bi ḥawḍ al istiḥmām	بحوض الإستحمام
com duche	bid duʃ	بالدوش
televisão (m) satélite	tilivizyūn faḍā'iy (m)	تلفزيون فضائيّ
ar (m) condicionado	takyīf (m)	تكييف
toalha (f)	fūṭa (f)	فوطة
chave (f)	miftāḥ (m)	مفتاح
administrador (m)	mudīr (m)	مدير
camareira (f)	'āmilat tanẓīf ɣuraf (f)	عاملة تنظيف غرف
bagageiro (m)	ḥammāl (m)	حمّال
porteiro (m)	bawwāb (m)	بوّاب
restaurante (m)	maṭ'am (m)	مطعم
bar (m)	bār (m)	بار
pequeno-almoço (m)	fuṭūr (m)	فطور
jantar (m)	'aʃā' (m)	عشاء
buffet (m)	bufīh (m)	بوفيه
hall (m) de entrada	radha (f)	ردهة
elevador (m)	miṣ'ad (m)	مصعد
NÃO PERTURBE	ar raʒā' 'adam al iz'āʒ	الرجاء عدم الإزعاج
PROIBIDO FUMAR!	mamnū' at tadχīn	ممنوع التدخين

22. Turismo

monumento (m)	timθāl (m)	تمثال
fortaleza (f)	qal'a (f), ḥiṣn (m)	قلعة، حصن
palácio (m)	qaṣr (m)	قصر
castelo (m)	qal'a (f)	قلعة
torre (f)	burʒ (m)	برج
mausoléu (m)	ḍarīḥ (m)	ضريح
arquitetura (f)	handasa mi'māriyya (f)	هندسة معماريّة
medieval	min al qurūn al wusṭa	من القرون الوسطى
antigo	qadīm	قديم
nacional	waṭaniy	وطنيّ
conhecido	maʃhūr	مشهور
turista (m)	sā'iḥ (m)	سائح
guia (pessoa)	murʃid (m)	مرشد
excursão (f)	ʒawla (f)	جولة
mostrar (vt)	'araḍ	عرض

contar (vt)	ḥaddaθ	حدّث
encontrar (vt)	waӡad	وجد
perder-se (vr)	ḍāʿ	ضاع
mapa (~ do metrô)	xarīṭa (f)	خريطة
mapa (~ da cidade)	xarīṭa (f)	خريطة
lembrança (f), presente (m)	tiðkār (m)	تذكار
loja (f) de presentes	maḥall hadāya (m)	محلّ هدايا
fotografar (vt)	ṣawwar	صوّر
fotografar-se	taṣawwar	تصوّر

TRANSPORTES

23. Aeroporto

aeroporto (m)	maṭār (m)	مطار
avião (m)	ṭā'ira (f)	طائرة
companhia (f) aérea	ʃarikat ṭayarān (f)	شركة طيران
controlador (m) de tráfego aéreo	marāqib al ḥaraka al ʒawwiyya (pl)	مراقب الحركة الجويّة
partida (f)	muɣādara (f)	مغادرة
chegada (f)	wuṣūl (m)	وصول
chegar (~ de avião)	waṣal	وصل
hora (f) de partida	waqt al muɣādara (m)	وقت المغادرة
hora (f) de chegada	waqt al wuṣūl (m)	وقت الوصول
estar atrasado	ta'aχχar	تأخّر
atraso (m) de voo	ta'aχχur ar riḥla (m)	تأخّر الرحلة
painel (m) de informação	lawḥat al ma'lūmāt (f)	لوحة المعلومات
informação (f)	isti'lāmāt (pl)	إستعلامات
anunciar (vt)	a'lan	أعلن
voo (m)	riḥla (f)	رحلة
alfândega (f)	ʒamārik (pl)	جمارك
funcionário (m) da alfândega	muwaẓẓaf al ʒamārik (m)	موظّف الجمارك
declaração (f) alfandegária	taṣrīḥ ʒumrukiy (m)	تصريح جمركيّ
preencher (vt)	mala'	ملأ
preencher a declaração	mala' at taṣrīḥ	ملأ التصريح
controlo (m) de passaportes	taftīʃ al ʒawāzāt (m)	تفتيش الجوازات
bagagem (f)	aʃ ʃunaṭ (pl)	الشنط
bagagem (f) de mão	ʃunaṭ al yad (pl)	شنط اليد
carrinho (m)	'arabat ʃunaṭ (f)	عربة شنط
aterragem (f)	hubūṭ (m)	هبوط
pista (f) de aterragem	mamarr al hubūṭ (m)	ممرّ الهبوط
aterrar (vi)	habaṭ	هبط
escada (f) de avião	sullam aṭ ṭā'ira (m)	سلّم الطائرة
check-in (m)	tasʒīl (m)	تسجيل
balcão (m) do check-in	makān at tasʒīl (m)	مكان التسجيل
fazer o check-in	saʒʒal	سجّل
cartão (m) de embarque	biṭāqat ṣu'ūd (f)	بطاقة صعود
porta (f) de embarque	bawwābat al muɣādara (f)	بوّابة المغادرة
trânsito (m)	tranzīt (m)	ترانزيت
esperar (vi, vt)	intazar	إنتظر

sala (f) de espera	qã'at al muɣādara (f)	قاعة المغادرة
despedir-se de ...	wadda'	ودّع
despedir-se (vr)	wadda'	ودّع

24. Avião

avião (m)	tā'ira (f)	طائرة
bilhete (m) de avião	taðkirat tā'ira (f)	تذكرة طائرة
companhia (f) aérea	ʃarikat tayarān (f)	شركة طيران
aeroporto (m)	matār (m)	مطار
supersónico	xāriq liṣ ṣawt	خارق للصوت
comandante (m) do avião	qā'id aṭ ṭā'ira (m)	قائد الطائرة
tripulação (f)	tāqim (m)	طاقم
piloto (m)	tayyār (m)	طيّار
hospedeira (f) de bordo	muḍīfat tayarān (f)	مضيفة طيران
copiloto (m)	mallāḥ (m)	ملّاح
asas (f pl)	aʒniḥa (pl)	أجنحة
cauda (f)	ðayl (m)	ذيل
cabine (f) de pilotagem	kabīna (f)	كابينة
motor (m)	mutūr (m)	موتور
trem (m) de aterragem	'aʒalāt al hubūṭ (pl)	عجلات الهبوط
turbina (f)	turbīna (f)	تربينة
hélice (f)	mirwaḥa (f)	مروحة
caixa-preta (f)	musaʒʒil aṭ tayarān (m)	مسجّل الطيران
coluna (f) de controlo	'aʒalat qiyāda (f)	عجلة قيادة
combustível (m)	wuqūd (m)	وقود
instruções (f pl) de segurança	biṭāqat as salāma (f)	بطاقة السلامة
máscara (f) de oxigénio	qinā' uksiʒīn (m)	قناع أوكسيجين
uniforme (m)	libās muwaḥḥad (m)	لباس موحّد
colete (m) salva-vidas	sutrat naʒāt (f)	سترة نجاة
paraquedas (m)	miʒallat hubūṭ (f)	مظلّة هبوط
descolagem (f)	iqlā' (m)	إقلاع
descolar (vi)	aqla'at	أقلعت
pista (f) de descolagem	madraʒ aṭ ṭā'irāt (m)	مدرج الطائرات
visibilidade (f)	ru'ya (f)	رؤية
voo (m)	tayarān (m)	طيران
altura (f)	irtifā' (m)	إرتفاع
poço (m) de ar	ʒayb hawā'iy (m)	جيب هوائيّ
assento (m)	maq'ad (m)	مقعد
auscultadores (m pl)	sammā'āt ra'siya (pl)	سمّاعات رأسيّة
mesa (f) rebatível	ṣīniyya qābila liṭ ṭayy (f)	صينية قابلة للطيّ
vigia (f)	ʃubbāk aṭ ṭā'ira (m)	شبّاك الطائرة
passagem (f)	mamarr (m)	ممرّ

25. Comboio

comboio (m)	qiṭār (m)	قطار
comboio (m) suburbano	qiṭār (m)	قطار
comboio (m) rápido	qiṭār sarī‘ (m)	قطار سريع
locomotiva (f) diesel	qāṭirat dīzil (f)	قاطرة ديزل
locomotiva (f) a vapor	qāṭira buχāriyya (f)	قاطرة بخارية
carruagem (f)	‘araba (f)	عربة
carruagem restaurante (f)	‘arabat al maṭ‘am (f)	عربة المطعم
carris (m pl)	quḍubān (pl)	قضبان
caminho de ferro (m)	sikka ḥadīdiyya (f)	سكة حديدية
travessa (f)	‘āriḍa (f)	عارضة
plataforma (f)	raṣīf (m)	رصيف
linha (f)	χaṭṭ (m)	خطّ
semáforo (m)	simafūr (m)	سيمافور
estação (f)	maḥaṭṭa (f)	محطة
maquinista (m)	sā’iq (m)	سائق
bagageiro (m)	ḥammāl (m)	حمّال
hospedeiro, -a (da carruagem)	mas’ūl ‘arabat al qiṭār (m)	مسؤول عربة القطار
passageiro (m)	rākib (m)	راكب
revisor (m)	kamsariy (m)	كمسري
corredor (m)	mamarr (m)	ممرّ
freio (m) de emergência	farāmil aṭ ṭawāri’ (pl)	فرامل الطوارئ
compartimento (m)	ɣurfa (f)	غرفة
cama (f)	sarīr (m)	سرير
cama (f) de cima	sarīr ‘ulwiy (m)	سرير علويّ
cama (f) de baixo	sarīr sufliy (m)	سرير سفلي
roupa (f) de cama	ayṭiyat as sarīr (pl)	أغطية السرير
bilhete (m)	taðkira (f)	تذكرة
horário (m)	ʒadwal (m)	جدول
painel (m) de informação	lawḥat ma‘lūmāt (f)	لوحة معلومات
partir (vt)	ɣādar	غادر
partida (f)	muɣādara (f)	مغادرة
chegar (vi)	waṣal	وصل
chegada (f)	wuṣūl (m)	وصول
chegar de comboio	waṣal bil qiṭār	وصل بالقطار
apanhar o comboio	rakib al qiṭār	ركب القطار
sair do comboio	nazil min al qiṭār	نزل من القطار
acidente (m) ferroviário	ḥiṭām qiṭār (m)	حطام قطار
descarrilar (vi)	χaraʒ ‘an χaṭṭ sayrih	خرج عن خطّ سيره
locomotiva (f) a vapor	qāṭira buχāriyya (f)	قاطرة بخارية
fogueiro (m)	‘aṭaʒiy (m)	عطشيّ
fornalha (f)	furn al muḥarrik (m)	فرن المحرّك
carvão (m)	faḥm (m)	فحم

26. Barco

navio (m)	safīna (f)	سفينة
embarcação (f)	safīna (f)	سفينة
vapor (m)	bāxira (f)	باخرة
navio (m)	bāxira nahriyya (f)	باخرة نهريّة
transatlântico (m)	bāxira siyahịyya (f)	باخرة سياحيّة
cruzador (m)	ṭarrād (m)	طرّاد
iate (m)	yaxt (m)	يخت
rebocador (m)	qāṭira (f)	قاطرة
barcaça (f)	ṣandal (m)	صندل
ferry (m)	'abbāra (f)	عبّارة
veleiro (m)	safīna ʃirāʻiyya (m)	سفينة شراعيّة
bergantim (m)	markab ʃirāʻiy (m)	مركب شراعيّ
quebra-gelo (m)	muhattimat ʒalīd (f)	محطّمة جليد
submarino (m)	ɣawwāṣa (f)	غوّاصة
bote, barco (m)	markab (m)	مركب
bote, dingue (m)	zawraq (m)	زورق
bote (m) salva-vidas	qārib naʒāt (m)	قارب نجاة
lancha (f)	lanʃ (m)	لنش
capitão (m)	qubṭān (m)	قبطان
marinheiro (m)	bahhār (m)	بحّار
marujo (m)	bahhār (m)	بحّار
tripulação (f)	ṭāqim (m)	طاقم
contramestre (m)	raʼīs al bahhāra (m)	رئيس البحّارة
grumete (m)	ṣabiy as safīna (m)	صبي السفينة
cozinheiro (m) de bordo	ṭabbāx (m)	طبّاخ
médico (m) de bordo	ṭabīb as safīna (m)	طبيب السفينة
convés (m)	saṭh as safīna (m)	سطح السفينة
mastro (m)	sāriya (f)	سارية
vela (f)	ʃirāʻ (m)	شراع
porão (m)	'ambar (m)	عنبر
proa (f)	muqaddama (m)	مقدّمة
popa (f)	muʼaxirat as safina (f)	مؤخرّة السفينة
remo (m)	miʒðāf (m)	مجذاف
hélice (f)	mirwaha (f)	مروحة
camarote (m)	kabīna (f)	كابينة
sala (f) dos oficiais	ɣurfat al istirāha (f)	غرفة الإستراحة
sala (f) das máquinas	qism al 'ālāt (m)	قسم الآلات
ponte (m) de comando	burʒ al qiyāda (m)	برج القيادة
sala (f) de comunicações	ɣurfat al lāsilkiy (f)	غرفة اللاسلكيّ
onda (f) de rádio	mawʒa (f)	موجة
diário (m) de bordo	siʒil as safīna (m)	سجل السفينة
luneta (f)	minʒār (m)	منظار
sino (m)	ʒaras (m)	جرس

bandeira (f)	ʿalam (m)	علم
cabo (m)	ḥabl (m)	حبل
nó (m)	ʿuqda (f)	عقدة
corrimão (m)	drabizīn (m)	درابزين
prancha (f) de embarque	sullam (m)	سلّم
âncora (f)	mirsāt (f)	مرساة
recolher a âncora	rafaʿ mirsāt	رفع مرساة
lançar a âncora	rasa	رسا
amarra (f)	silsilat mirsāt (f)	سلسلة مرساة
porto (m)	mīnāʾ (m)	ميناء
cais, amarradouro (m)	marsa (m)	مرسى
atracar (vi)	rasa	رسا
desatracar (vi)	aqlaʿ	أقلع
viagem (f)	riḥla (f)	رحلة
cruzeiro (m)	riḥla baḥriyya (f)	رحلة بحرية
rumo (m), rota (f)	masār (m)	مسار
itinerário (m)	ṭarīq (m)	طريق
canal (m) navegável	maʒra milāḥiy (m)	مجرى ملاحيّ
banco (m) de areia	miyāh ḍaḥla (f)	مياه ضحلة
encalhar (vt)	ʒanaḥ	جنح
tempestade (f)	ʿāṣifa (f)	عاصفة
sinal (m)	iʃāra (f)	إشارة
afundar-se (vr)	ɣariq	غرق
Homem ao mar!	saqaṭ raʒul min as safīna!	سقط رجل من السفينة!
SOS	nidāʾ iɣāθa (m)	نداء إغاثة
boia (f) salva-vidas	ṭawq naʒāt (m)	طوق نجاة

CIDADE

27. Transportes urbanos

autocarro (m)	bāṣ (m)	باص
elétrico (m)	trām (m)	ترام
troleicarro (m)	truli bāṣ (m)	ترولي باص
itinerário (m)	χaṭṭ (m)	خطّ
número (m)	raqm (m)	رقم
ir de ... (carro, etc.)	rakib ...	ركب...
entrar (~ no autocarro)	rakib	ركب
descer de ...	nazil min	نزل من
paragem (f)	mawqif (m)	موقف
próxima paragem (f)	al maḥaṭṭa al qādima (f)	المحطّة القادمة
ponto (m) final	āχir maḥaṭṭa (f)	آخر محطة
horário (m)	ʒadwal (m)	جدول
esperar (vt)	inṭazar	إنتظر
bilhete (m)	taðkira (f)	تذكرة
custo (m) do bilhete	uʒra (f)	أجرة
bilheteiro (m)	ṣarrāf (m)	صرّاف
controlo (m) dos bilhetes	taftīʃ taðkira (m)	تفتيش تذكرة
revisor (m)	mufattiʃ taðākir (m)	مفتّش تذاكر
atrasar-se (vr)	ta'aχχar	تأخّر
perder (o autocarro, etc.)	ta'aχχar	تأخّر
estar com pressa	istaʿʒal	إستعجل
táxi (m)	taksi (m)	تاكسي
taxista (m)	sā'iq taksi (m)	سائق تاكسي
de táxi (ir ~)	bit taksi	بالتاكسي
praça (f) de táxis	mawqif taksi (m)	موقف تاكسي
chamar um táxi	kallam tāksi	كلّم تاكسي
apanhar um táxi	aχað taksi	أخذ تاكسي
tráfego (m)	ḥarakat al murūr (f)	حركة المرور
engarrafamento (m)	zaḥmat al murūr (f)	زحمة المرور
horas (f pl) de ponta	sā'at að ðurwa (f)	ساعة الذروة
estacionar (vi)	awqaf	أوقف
estacionar (vt)	awqaf	أوقف
parque (m) de estacionamento	mawqif as sayyārāt (m)	موقف السيارات
metro (m)	mitru (m)	مترو
estação (f)	maḥaṭṭa (f)	محطّة
ir de metro	rakib al mitru	ركب المترو
comboio (m)	qiṭār (m)	قطار
estação (f)	maḥaṭṭat qiṭār (f)	محطّة قطار

28. Cidade. Vida na cidade

cidade (f)	madīna (f)	مدينة
capital (f)	'āṣima (f)	عاصمة
aldeia (f)	qarya (f)	قرية
mapa (m) da cidade	xarīṭat al madīna (f)	خريطة المدينة
centro (m) da cidade	markaz al madīna (m)	مركز المدينة
subúrbio (m)	ḍāḥiya (f)	ضاحية
suburbano	aḍ ḍawāḥi	الضواحي
periferia (f)	aṭrāf al madīna (pl)	أطراف المدينة
arredores (m pl)	ḍawāḥi al madīna (pl)	ضواحي المدينة
quarteirão (m)	ḥayy (m)	حي
quarteirão (m) residencial	ḥayy sakaniy (m)	حي سكني
tráfego (m)	ḥarakat al murūr (f)	حركة المرور
semáforo (m)	iʃārāt al murūr (pl)	إشارات المرور
transporte (m) público	wasā'il an naql (pl)	وسائل النقل
cruzamento (m)	taqāṭuʿ (m)	تقاطع
passadeira (f)	maʿbar al muʃāt (m)	معبر المشاة
passagem (f) subterrânea	nafaq muʃāt (m)	نفق مشاة
cruzar, atravessar (vt)	ʿabar	عبر
peão (m)	māʃi (m)	ماش
passeio (m)	raṣīf (m)	رصيف
ponte (f)	ʒisr (m)	جسر
margem (f) do rio	kurnīʃ (m)	كورنيش
fonte (f)	nāfūra (f)	نافورة
alameda (f)	mamʃa (m)	ممشى
parque (m)	ḥadīqa (f)	حديقة
bulevar (m)	bulvār (m)	بولفار
praça (f)	maydān (m)	ميدان
avenida (f)	ʃāriʿ (m)	شارع
rua (f)	ʃāriʿ (m)	شارع
travessa (f)	zuqāq (m)	زقاق
beco (m) sem saída	ṭarīq masdūd (m)	طريق مسدود
casa (f)	bayt (m)	بيت
edifício, prédio (m)	mabna (m)	مبنى
arranha-céus (m)	nāṭiḥat sahāb (f)	ناطحة سحاب
fachada (f)	wāʒiha (f)	واجهة
telhado (m)	saqf (m)	سقف
janela (f)	ʃubbāk (m)	شبّاك
arco (m)	qaws (m)	قوس
coluna (f)	ʿamūd (m)	عمود
esquina (f)	zāwiya (f)	زاوية
montra (f)	vatrīna (f)	فترينة
letreiro (m)	lāfita (f)	لافتة
cartaz (m)	mulṣaq (m)	ملصق
cartaz (m) publicitário	mulṣaq iʿlāniy (m)	ملصق إعلاني

painel (m) publicitário	lawhat i'lānāt (f)	لوحة إعلانات
lixo (m)	zubāla (f)	زبالة
cesta (f) do lixo	ṣundūq zubāla (m)	صندوق زبالة
jogar lixo na rua	rama zubāla	رمى زبالة
aterro (m) sanitário	mazbala (f)	مزبلة
cabine (f) telefónica	kuʃk tilifūn (m)	كشك تليفون
candeeiro (m) de rua	'amūd al miṣbāḥ (m)	عمود المصباح
banco (m)	dikka (f), kursiy (m)	دكّة, كرسي
polícia (m)	ʃurṭiy (m)	شرطيّ
polícia (instituição)	ʃurṭa (f)	شرطة
mendigo (m)	ʃaḥḥāð (m)	شحّاذ
sem-abrigo (m)	mutaʃarrid (m)	متشرّد

29. Instituições urbanas

loja (f)	maḥall (m)	محلّ
farmácia (f)	ṣaydaliyya (f)	صيدليّة
ótica (f)	al adawāt al baṣariyya (pl)	الأدوات البصريّة
centro (m) comercial	markaz tiǧāriy (m)	مركز تجاريّ
supermercado (m)	subirmarkit (m)	سوبرماركت
padaria (f)	maχbaz (m)	مخبز
padeiro (m)	χabbāz (m)	خبّاز
pastelaria (f)	dukkān ḥalawāniy (m)	دكّان حلوانيّ
mercearia (f)	baqqāla (f)	بقّالة
talho (m)	malḥama (f)	ملحمة
loja (f) de legumes	dukkān χuḍār (m)	دكّان خضار
mercado (m)	sūq (f)	سوق
café (m)	kafé (m), maqha (m)	كافيه, مقهى
restaurante (m)	maṭ'am (m)	مطعم
bar (m), cervejaria (f)	ḥāna (f)	حانة
pizzaria (f)	maṭ'am pizza (m)	مطعم بيتزا
salão (m) de cabeleireiro	ṣālūn ḥilāqa (m)	صالون حلاقة
correios (m pl)	maktab al barīd (m)	مكتب البريد
lavandaria (f)	tanzīf ǧaff (m)	تنظيف جافّ
estúdio (m) fotográfico	istūdiyu taṣwīr (m)	إستوديو تصوير
sapataria (f)	maḥall aḥðiya (m)	محلّ أحذية
livraria (f)	maḥall kutub (m)	محلّ كتب
loja (f) de artigos de desporto	maḥall riyāḍiy (m)	محلّ رياضيّ
reparação (f) de roupa	maḥall χiyāṭat malābis (m)	محلّ خياطة ملابس
aluguer (m) de roupa	maḥall ta'ǧīr malābis rasmiyya (m)	محلّ تأجير ملابس رسمية
aluguer (m) de filmes	maḥal ta'ǧīr vidiyu (m)	محلّ تأجير فيديو
circo (m)	sirk (m)	سيرك
jardim (m) zoológico	ḥadīqat al ḥayawān (f)	حديقة حيوان
cinema (m)	sinima (f)	سينما

museu (m)	mathaf (m)	متحف
biblioteca (f)	maktaba (f)	مكتبة
teatro (m)	masrah (m)	مسرح
ópera (f)	ubra (f)	أوبرا
clube (m) noturno	malha layliy (m)	ملهى ليليّ
casino (m)	kazinu (m)	كازينو
mesquita (f)	masʒid (m)	مسجد
sinagoga (f)	kanīs maʻbad yahūdiy (m)	كنيس معبد يهوديّ
catedral (f)	katidrāʼiyya (f)	كاتدرائيّة
templo (m)	maʻbad (m)	معبد
igreja (f)	kanīsa (f)	كنيسة
instituto (m)	kulliyya (m)	كليّة
universidade (f)	ʒāmiʻa (f)	جامعة
escola (f)	madrasa (f)	مدرسة
prefeitura (f)	muqātaʻa (f)	مقاطعة
câmara (f) municipal	baladiyya (f)	بلديّة
hotel (m)	funduq (m)	فندق
banco (m)	bank (m)	بنك
embaixada (f)	safāra (f)	سفارة
agência (f) de viagens	ʃarikat siyāha (f)	شركة سياحة
agência (f) de informações	maktab al istiʻlāmāt (m)	مكتب الإستعلامات
casa (f) de câmbio	sarrāfa (f)	صرّافة
metro (m)	mitru (m)	مترو
hospital (m)	mustaʃfa (m)	مستشفى
posto (m) de gasolina	mahattat banzīn (f)	محطّة بنزين
parque (m) de estacionamento	mawqif as sayyārāt (m)	موقف السيّارات

30. Sinais

letreiro (m)	lāfita (f)	لافتة
inscrição (f)	bayān (m)	بيان
cartaz, póster (m)	mulsaq iʻlāniy (m)	ملصق إعلانيّ
sinal (m) informativo	ʻalāmat ittiʒāh (f)	علامة إتّجاه
seta (f)	ʻalāmat iʃāra (f)	علامة إشارة
aviso (advertência)	tahðīr (m)	تحذير
sinal (m) de aviso	lāfitat tahðīr (f)	لافتة تحذير
avisar, advertir (vt)	haððar	حذّر
dia (m) de folga	yawm ʻutla (m)	يوم عطلة
horário (m)	ʒadwal (m)	جدول
horário (m) de funcionamento	awqāt al ʻamal (pl)	أوقات العمل
BEM-VINDOS!	ahlan wa sahlan!	أهلًا وسهلًا
ENTRADA	duxūl	دخول
SAÍDA	xurūʒ	خروج
EMPURRE	idfaʻ	إدفع

PUXE	isḥab	إسحب
ABERTO	maftūḥ	مفتوح
FECHADO	muɣlaq	مغلق

| MULHER | lis sayyidāt | للسيدات |
| HOMEM | lir riǧāl | للرجال |

DESCONTOS	xaṣm	خصم
SALDOS	taxfīḍāt	تخفيضات
NOVIDADE!	ǧadīd!	جديد!
GRÁTIS	maǧǧānan	مجَّانًا

ATENÇÃO!	intibāh!	إنتباه!
NÃO HÁ VAGAS	kull al amākin maḥǧūza	كل الأماكن محجوزة
RESERVADO	maḥǧūz	محجوز

| ADMINISTRAÇÃO | idāra | إدارة |
| SOMENTE PESSOAL AUTORIZADO | lil ‘āmilīn faqaṭ | للعاملين فقط |

CUIDADO CÃO FEROZ	iḥðar wuǧūd al kalb	إحذر وجود الكلب
PROIBIDO FUMAR!	mamnū‘ at tadxīn	ممنوع التدخين
NÃO TOCAR	‘adam al lams	عدم اللمس

PERIGOSO	xaṭīr	خطير
PERIGO	xaṭar	خطر
ALTA TENSÃO	tayyār ‘āli	تيّار عالي
PROIBIDO NADAR	as sibāḥa mamnū‘a	السباحة ممنوعة
AVARIADO	mu‘aṭṭal	معطّل

INFLAMÁVEL	sarī‘ al iſti‘āl	سريع الإشتعال
PROIBIDO	mamnū‘	ممنوع
ENTRADA PROIBIDA	mamnū‘ al murūr	ممنوع المرور
CUIDADO TINTA FRESCA	iḥðar ṭilā’ ɣayr ǧāff	إحذر طلاء غير جاف

31. Compras

comprar (vt)	iſtara	إشترى
compra (f)	ſay’ (m)	شيء
fazer compras	iſtara	إشترى
compras (f pl)	ſubinɣ (m)	شوبينغ

| estar aberta (loja, etc.) | maftūḥ | مفتوح |
| estar fechada | muɣlaq | مغلق |

calçado (m)	aḥðiya (pl)	أحذية
roupa (f)	malābis (pl)	ملابس
cosméticos (m pl)	mawādd at taǧmīl (pl)	موادّ التجميل
alimentos (m pl)	ma’kūlāt (pl)	مأكولات
presente (m)	hadiyya (f)	هديّة

vendedor (m)	bā’i‘ (m)	بائع
vendedora (f)	bā’i‘a (f)	بائعة
caixa (f)	ṣundū’ ad daf‘ (m)	صندوق الدفع

espelho (m)	mir'āt (f)	مرآة
balcão (m)	minḍada (f)	منضدة
cabine (f) de provas	ɣurfat al qiyās (f)	غرفة القياس
provar (vt)	ʒarrab	جرّب
servir (vi)	nāsab	ناسب
gostar (apreciar)	aʿʒab	أعجب
preço (m)	siʿr (m)	سعر
etiqueta (f) de preço	tikit as siʿr (m)	تيكت السعر
custar (vt)	kallaf	كلّف
Quanto?	bikam?	بكم؟
desconto (m)	xaṣm (m)	خصم
não caro	ɣayr ɣāli	غير غال
barato	raxīṣ	رخيص
caro	ɣāli	غال
É caro	haða ɣāli	هذا غال
aluguer (m)	isti'ʒār (m)	إستئجار
alugar (vestidos, etc.)	ista'ʒar	إستأجر
crédito (m)	i'timān (m)	إئتمان
a crédito	bid dayn	بالدين

VESTUÁRIO & ACESSÓRIOS

32. Roupa exterior. Casacos

roupa (f)	malābis (pl)	ملابس
roupa (f) exterior	malābis fawqāniyya (pl)	ملابس فوقانيّة
roupa (f) de inverno	malābis ʃitawiyya (pl)	ملابس شتويّة
sobretudo (m)	miʿṭaf (m)	معطف
casaco (m) de peles	miʿṭaf farw (m)	معطف فرو
casaco curto (m) de peles	ʒakīt farw (m)	جاكيت فرو
casaco (m) acolchoado	haʃiyyat rīʃ (m)	حشية ريش
casaco, blusão (m)	ʒakīt (m)	جاكيت
impermeável (m)	miʿṭaf lil maṭar (m)	معطف للمطر
impermeável	ṣāmid lil mā'	صامد للماء

33. Vestuário de homem & mulher

camisa (f)	qamīṣ (m)	قميص
calças (f pl)	banṭalūn (m)	بنطلون
calças (f pl) de ganga	ʒīnz (m)	جينز
casaco (m) de fato	sutra (f)	سترة
fato (m)	badla (f)	بدلة
vestido (ex. ~ vermelho)	fustān (m)	فستان
saia (f)	tannūra (f)	تنّورة
blusa (f)	blūza (f)	بلوزة
casaco (m) de malha	kardigān (m)	كارديجان
casaco, blazer (m)	ʒakīt (m)	جاكيت
T-shirt, camiseta (f)	ti ʃirt (m)	تي شيرت
calções (Bermudas, etc.)	ʃūrt (m)	شورت
fato (m) de treino	badlat at tadrīb (f)	بدلة التدريب
roupão (m) de banho	θawb hammām (m)	ثوب حمّام
pijama (m)	biʒāma (f)	بيجاما
suéter (m)	bulūvir (m)	بلوفر
pulôver (m)	bulūvir (m)	بلوفر
colete (m)	ṣudayriy (m)	صديريّ
fraque (m)	badlat sahra (f)	بدلة سهرة
smoking (m)	smūkin (m)	سموكن
uniforme (m)	zayy muwaḥḥad (m)	زي موحّد
roupa (f) de trabalho	θiyāb al ʿamal (m)	ثياب العمل
fato-macaco (m)	uvirūl (m)	اوفرول
bata (~ branca, etc.)	θawb (m)	ثوب

34. Vestuário. Roupa interior

roupa (f) interior	malābis dāχiliyya (pl)	ملابس داخلية
cuecas boxer (f pl)	sirwāl dāχiliy riʒāliy (m)	سروال داخلي رجاليّ
cuecas (f pl)	sirwāl dāχiliy nisā'iy (m)	سروال داخلي نسائيّ
camisola (f) interior	qamīṣ bila aqmām (m)	قميص بلا أكمام
peúgas (f pl)	ʒawārib (pl)	جوارب
camisa (f) de noite	qamīṣ nawm (m)	قميص نوم
sutiã (m)	ḥammālat ṣadr (f)	حمّالة صدر
meias longas (f pl)	ʒawārib ṭawīla (pl)	جوارب طويلة
meia-calça (f)	ʒawārib kulūn (pl)	جوارب كولون
meias (f pl)	ʒawārib nisā'iyya (pl)	جوارب نسائية
fato (m) de banho	libās sibāḥa (m)	لباس سباحة

35. Adereços de cabeça

chapéu (m)	qubba'a (f)	قبّعة
chapéu (m) de feltro	burnayṭa (f)	برنيطة
boné (m) de beisebol	kāb baysbūl (m)	كاب بيسبول
boné (m)	qubba'a musaṭṭaḥa (f)	قبّعة مسطحة
boina (f)	birīh (m)	بيريه
capuz (m)	ɣiṭā' (m)	غطاء
panamá (m)	qubba'at banāma (f)	قبّعة بناما
gorro (m) de malha	qubbā'a maḥbūka (m)	قبّعة محبوكة
lenço (m)	ʔīʃārb (m)	إيشارب
chapéu (m) de mulher	burnayṭa (f)	برنيطة
capacete (m) de proteção	χūða (f)	خوذة
bibico (m)	kāb (m)	كاب
capacete (m)	χūða (f)	خوذة
chapéu-coco (m)	qubba'at dirbi (f)	قبّعة ديربي
chapéu (m) alto	qubba'a 'āliya (f)	قبّعة عالية

36. Calçado

calçado (m)	aḥðiya (pl)	أحذية
botinas (f pl)	ʒazma (f)	جزمة
sapatos (de salto alto, etc.)	ʒazma (f)	جزمة
botas (f pl)	būt (m)	بوت
pantufas (f pl)	ʃibʃib (m)	شبشب
ténis (m pl)	ḥiðā' riyāḍiy (m)	حذاء رياضيّ
sapatilhas (f pl)	kutʃi (m)	كوتشي
sandálias (f pl)	ṣandal (pl)	صندل
sapateiro (m)	iskāfiy (m)	إسكافيّ
salto (m)	ka'b (m)	كعب

par (m)	zawʒ (m)	زوج
atacador (m)	ʃarīṭ (m)	شريط
apertar os atacadores	rabaṭ	ربط
calçadeira (f)	labbāsat ḥiðā' (f)	لبّاسة حذاء
graxa (f) para calçado	warnīʃ al ḥiðā' (m)	ورنيش الحذاء

37. Acessórios pessoais

luvas (f pl)	quffāz (m)	قفّاز
mitenes (f pl)	quffāz muɣlaq (m)	قفّاز مغلق
cachecol (m)	ʈʃārb (m)	إيشارب

óculos (m pl)	naẓẓāra (f)	نظّارة
armação (f) de óculos	iṭār (m)	إطار
guarda-chuva (m)	ʃamsiyya (f)	شمسيّة
bengala (f)	'aṣa (f)	عصا
escova (f) para o cabelo	furʃat ʃa'r (f)	فرشة شعر
leque (m)	mirwaḥa yadawiyya (f)	مروحة يدويّة

gravata (f)	karavatta (f)	كرافتة
gravata-borboleta (f)	babyūn (m)	بيبون
suspensórios (m pl)	ḥammāla (f)	حمّالة
lenço (m)	mandīl (m)	منديل

pente (m)	miʃṭ (m)	مشط
travessão (m)	dabbūs (m)	دبّوس
gancho (m) de cabelo	bansa (m)	بنسة
fivela (f)	bukla (f)	بكلة

| cinto (m) | ḥizām (m) | حزام |
| correia (f) | ḥammalat al katf (f) | حمّالة الكتف |

mala (f)	ʃanṭa (f)	شنطة
mala (f) de senhora	ʃanṭat yad (f)	شنطة يد
mochila (f)	ḥaqībat ẓahr (f)	حقيبة ظهر

38. Vestuário. Diversos

moda (f)	mūḍa (f)	موضة
na moda	fil mūḍa	في الموضة
estilista (m)	muṣammim azyā' (m)	مصمّم أزياء

colarinho (m), gola (f)	yāqa (f)	ياقة
bolso (m)	ʒayb (m)	جيب
de bolso	ʒayb	جيب
manga (f)	kumm (m)	كمّ
alcinha (f)	'allāqa (f)	علّاقة
braguilha (f)	lisān (m)	لسان

fecho (m) de correr	zimām munzaliq (m)	زمام منزلق
fecho (m), colchete (m)	miʃbak (m)	مشبك
botão (m)	zirr (m)	زرّ

casa (f) de botão	ʿurwa (f)	عروة
soltar-se (vr)	waqaʿ	وقع
coser, costurar (vi)	xāṭ	خاط
bordar (vt)	ṭarraz	طرّز
bordado (m)	taṭrīz (m)	تطريز
agulha (f)	ibra (f)	إبرة
fio (m)	xayṭ (m)	خيط
costura (f)	darz (m)	درز
sujar-se (vr)	tawassax	توسّخ
mancha (f)	buqʿa (f)	بقعة
engelhar-se (vr)	takarmaʃ	تكرمش
rasgar (vt)	qaṭṭaʿ	قطّع
traça (f)	ʿuθθa (f)	عثّة

39. Cuidados pessoais. Cosméticos

pasta (f) de dentes	maʿʒūn asnān (m)	معجون أسنان
escova (f) de dentes	furʃat asnān (f)	فرشة أسنان
escovar os dentes	nazzaf al asnān	نظّف الأسنان
máquina (f) de barbear	mūs ḥilāqa (m)	موس حلاقة
creme (m) de barbear	krīm ḥilāqa (m)	كريم حلاقة
barbear-se (vr)	ḥalaq	حلق
sabonete (m)	ṣābūn (m)	صابون
champô (m)	ʃāmbū (m)	شامبو
tesoura (f)	maqaṣṣ (m)	مقصّ
lima (f) de unhas	mibrad (m)	مبرد
corta-unhas (m)	milqaṭ (m)	ملقط
pinça (f)	milqaṭ (m)	ملقط
cosméticos (m pl)	mawādd at taʒmīl (pl)	موادّ التجميل
máscara (f) facial	mask (m)	ماسك
manicura (f)	manikūr (m)	مانيكور
fazer a manicura	ʿamal manikūr	عمل مانيكور
pedicure (f)	badikīr (m)	باديكير
mala (f) de maquilhagem	ḥaqībat adawāt at taʒmīl (f)	حقيبة أدوات التجميل
pó (m)	budrat waʒh (f)	بودرة وجه
caixa (f) de pó	ʿulbat būdra (f)	علبة بودرة
blush (m)	aḥmar xudūd (m)	أحمر خدود
perfume (m)	ʿiṭr (m)	عطر
água (f) de toilette	kulūnya (f)	كولونيا
loção (f)	lusiyun (m)	لوسيون
água-de-colónia (f)	kulūniya (f)	كولونيا
sombra (f) de olhos	ay ʃaduw (m)	اي شادو
lápis (m) delineador	kuḥl al ʿuyūn (m)	كحل العيون
máscara (f), rímel (m)	maskara (f)	ماسكارا
batom (m)	aḥmar ʃifāh (m)	أحمر شفاه

verniz (m) de unhas	mulammiᶜ al aẓāfir (m)	ملمع الاظافر
laca (f) para cabelos	muθabbit aʃ ʃaᶜr (m)	مثبّت الشعر
desodorizante (m)	muzīl rawā'iḥ (m)	مزيل روائح

creme (m)	krīm (m)	كريم
creme (m) de rosto	krīm lil waʒh (m)	كريم للوجه
creme (m) de mãos	krīm lil yadayn (m)	كريم لليدين
creme (m) antirrugas	krīm muḍādd lit taʒāīd (m)	كريم مضادّ للتجاعيد
creme (m) de dia	krīm an nahār (m)	كريم النهار
creme (m) de noite	krīm al layl (m)	كريم الليل
de dia	nahāriy	نهاري
da noite	layliy	ليلي

tampão (m)	tambūn (m)	تانبون
papel (m) higiénico	waraq ḥammām (m)	ورق حمّام
secador (m) elétrico	muʒaffif ʃaᶜr (m)	مجفف شعر

40. Relógios de pulso. Relógios

relógio (m) de pulso	sāᶜa (f)	ساعة
mostrador (m)	waʒh as sāᶜa (m)	وجه الساعة
ponteiro (m)	ᶜaqrab as sāᶜa (m)	عقرب الساعة
bracelete (f) em aço	siwār sāᶜa maᶜdaniyya (m)	سوار ساعة معدنية
bracelete (f) em couro	siwār sāᶜa (m)	سوار ساعة

pilha (f)	baṭṭāriyya (f)	بطّاريّة
descarregar-se	tafarraɣ	تفرّغ
trocar a pilha	ɣayyar al baṭṭāriyya	غيّر البطّاريّة
estar adiantado	sabaq	سبق
estar atrasado	ta'axxar	تأخّر

relógio (m) de parede	sāᶜat ḥā'iṭ (f)	ساعة حائط
ampulheta (f)	sāᶜa ramliyya (f)	ساعة رمليّة
relógio (m) de sol	sāᶜa ʃamsiyya (f)	ساعة شمسيّة
despertador (m)	munabbih (m)	منبّه
relojoeiro (m)	saᶜātiy (m)	ساعاتي
reparar (vt)	aṣlaḥ	أصلح

EXPERIÊNCIA DO QUOTIDIANO

41. Dinheiro

dinheiro (m)	nuqūd (pl)	نقود
câmbio (m)	taḥwīl 'umla (m)	تحويل عملة
taxa (f) de câmbio	si'r aṣ ṣarf (m)	سعر الصرف
Caixa Multibanco (m)	ṣarrāf 'āliy (m)	صرّاف آليّ
moeda (f)	qiṭ'a naqdiyya (f)	قطعة نقديّة
dólar (m)	dulār (m)	دولار
euro (m)	yuru (m)	يورو
lira (f)	lira iṭāliyya (f)	ليرة إيطالية
marco (m)	mark almāniy (m)	مارك ألماني
franco (m)	frank (m)	فرنك
libra (f) esterlina	ʒunayh istirlīniy (m)	جنيه استرلينيّ
iene (m)	yīn (m)	ين
dívida (f)	dayn (m)	دين
devedor (m)	mudīn (m)	مدين
emprestar (vt)	sallaf	سلّف
pedir emprestado	istalaf	إستلف
banco (m)	bank (m)	بنك
conta (f)	ḥisāb (m)	حساب
depositar (vt)	awda'	أودع
depositar na conta	awda' fil ḥisāb	أودع في الحساب
levantar (vt)	saḥab min al ḥisāb	سحب من الحساب
cartão (m) de crédito	biṭāqat i'timān (f)	بطاقة إئتمان
dinheiro (m) vivo	nuqūd (pl)	نقود
cheque (m)	ʃīk (m)	شيك
passar um cheque	katab ʃīk	كتب شيكًا
livro (m) de cheques	daftar ʃīkāt (m)	دفتر شيكات
carteira (f)	maḥfaẓat ʒīb (f)	محفظة جيب
porta-moedas (m)	maḥfaẓat fakka (f)	محفظة فكّة
cofre (m)	xizāna (f)	خزانة
herdeiro (m)	wāris (m)	وارث
herança (f)	wirāθa (f)	وراثة
fortuna (riqueza)	θarwa (f)	ثروة
arrendamento (m)	'īʒār (m)	إيجار
renda (f) de casa	uʒrat as sakan (f)	أجرة السكن
alugar (vt)	ista'ʒar	إستأجر
preço (m)	si'r (m)	سعر
custo (m)	θaman (m)	ثمن

soma (f)	mablaɣ (m)	مبلغ
gastar (vt)	ṣaraf	صرف
gastos (m pl)	maṣārīf (pl)	مصاريف
economizar (vi)	waffar	وفّر
económico	muwaffir	موفّر
pagar (vt)	dafaʿ	دفع
pagamento (m)	dafʿ (m)	دفع
troco (m)	al bāqi (m)	الباقي
imposto (m)	ḍarība (f)	ضريبة
multa (f)	ɣarāma (f)	غرامة
multar (vt)	faraḍ ɣarāma	فرض غرامة

42. Correios. Serviço postal

correios (m pl)	maktab al barīd (m)	مكتب البريد
correio (m)	al barīd (m)	البريد
carteiro (m)	sāʿi al barīd (m)	ساعي البريد
horário (m)	awqāt al ʿamal (pl)	أوقات العمل
carta (f)	risāla (f)	رسالة
carta (f) registada	risāla musaȝȝala (f)	رسالة مسجّلة
postal (m)	biṭāqa barīdiyya (f)	بطاقة بريديّة
telegrama (m)	barqiyya (f)	برقيّة
encomenda (f) postal	ṭard (m)	طرد
remessa (f) de dinheiro	ḥawāla māliyya (f)	حوالة ماليّة
receber (vt)	istalam	إستلم
enviar (vt)	arsal	أرسل
envio (m)	irsāl (m)	إرسال
endereço (m)	ʿunwān (m)	عنوان
código (m) postal	raqm al barīd (m)	رقم البريد
remetente (m)	mursil (m)	مرسل
destinatário (m)	mursal ilayh (m)	مرسل إليه
nome (m)	ism (m)	إسم
apelido (m)	ism al ʿāʾila (m)	إسم العائلة
tarifa (f)	taʿrīfa (f)	تعريفة
ordinário	ʿādiy	عاديّ
económico	muwaffir	موفّر
peso (m)	wazn (m)	وزن
pesar (estabelecer o peso)	wazan	وزن
envelope (m)	ẓarf (m)	ظرف
selo (m)	ṭābiʿ (m)	طابع
colar o selo	alṣaq ṭābiʿ	ألصق طابعا

43. Banca

banco (m)	bank (m)	بنك
sucursal, balcão (f)	farʿ (m)	فرع

consultor (m)	muwazzaf bank (m)	موظّف بنك
gerente (m)	mudīr (m)	مدير
conta (f)	hisāb (m)	حساب
número (m) da conta	raqm al hisāb (m)	رقم الحساب
conta (f) corrente	hisāb ǧāri (m)	حساب جار
conta (f) poupança	hisāb tawfīr (m)	حساب توفير
abrir uma conta	fatah hisāb	فتح حسابا
fechar uma conta	aɣlaq hisāb	أغلق حسابا
depositar na conta	awda' fil hisāb	أودع في الحساب
levantar (vt)	sahab min al hisāb	سحب من الحساب
depósito (m)	wadī'a (f)	وديعة
fazer um depósito	awda'	أودع
transferência (f) bancária	hawāla (f)	حوالة
transferir (vt)	hawwal	حوّل
soma (f)	mablaɣ (m)	مبلغ
Quanto?	kam?	كم؟
assinatura (f)	tawqī' (m)	توقيع
assinar (vt)	waqqa'	وقّع
cartão (m) de crédito	biṭāqat i'timān (f)	بطاقة ائتمان
código (m)	kūd (m)	كود
número (m) do cartão de crédito	raqm biṭāqat i'timān (m)	رقم بطاقة ائتمان
Caixa Multibanco (m)	ṣarrāf 'āliy (m)	صرّاف آليّ
cheque (m)	ʃīk (m)	شيك
passar um cheque	katab ʃīk	كتب شيكًا
livro (m) de cheques	daftar ʃīkāt (m)	دفتر شيكات
empréstimo (m)	qarḍ (m)	قرض
pedir um empréstimo	qaddam ṭalab lil huṣūl 'ala qarḍ	قدّم طلبا للحصول على قرض
obter um empréstimo	haṣal 'ala qarḍ	حصل على قرض
conceder um empréstimo	qaddam qarḍ	قدّم قرضا
garantia (f)	ḍamān (m)	ضمان

44. Telefone. Conversação telefónica

telefone (m)	hātif (m)	هاتف
telemóvel (m)	hātif mahmūl (m)	هاتف محمول
secretária (f) electrónica	muǧīb al hātif (m)	مجيب الهاتف
fazer uma chamada	ittaṣal	إتّصل
chamada (f)	mukālama tilifuniyya (f)	مكالمة تليفونية
marcar um número	ittaṣal bi raqm	إتّصل برقم
Alô!	alu!	ألو!
perguntar (vt)	sa'al	سأل
responder (vt)	radd	ردّ

ouvir (vt)	sami'	سمِع
bem	ʒayyidan	جيّدًا
mal	sayyi'an	سيّئًا
ruído (m)	taʃwīʃ (m)	تشويش
auscultador (m)	sammā'a (f)	سمّاعة
pegar o telefone	rafa' as sammā'a	رفع السمّاعة
desligar (vi)	qafal as sammā'a	قفل السمّاعة
ocupado	maʃɣūl	مشغول
tocar (vi)	rann	رنّ
lista (f) telefónica	dalīl at tilifūn (m)	دليل التليفون
local	maḥalliyya	محلّيّة
chamada (f) local	mukālama hātifiyya maḥalliyya (f)	مكالمة هاتفيّة محلّيّة
de longa distância	ba'īd al mada	بعيد المدى
chamada (f) de longa distância	mukālama ba'īdat al mada (f)	مكالمة بعيدة المدى
internacional	duwaliy	دوليّ
chamada (f) internacional	mukālama duwaliyya (f)	مكالمة دوليّة

45. Telefone móvel

telemóvel (m)	hātif maḥmūl (m)	هاتف محمول
ecrã (m)	ʒihāz 'arḍ (m)	جهاز عرض
botão (m)	zirr (m)	زرّ
cartão SIM (m)	sim kart (m)	سيم كارت
bateria (f)	baṭṭāriyya (f)	بطّاريّة
descarregar-se	xalaṣat	خلصت
carregador (m)	ʃāḥin (m)	شاحن
menu (m)	qā'ima (f)	قائمة
definições (f pl)	awḍā' (pl)	أوضاع
melodia (f)	naɣma (f)	نغمة
escolher (vt)	ixtār	إختار
calculadora (f)	'āla ḥāsiba (f)	آلة حاسبة
correio (m) de voz	barīd ṣawtiy (m)	بريد صوتيّ
despertador (m)	munabbih (m)	منبّه
contatos (m pl)	ʒihat al ittiṣāl (pl)	جهات الإتّصال
mensagem (f) de texto	risāla qaṣīra ɛsɛmɛs (f)	رسالة قصيرة sms
assinante (m)	muʃtarik (m)	مشترك

46. Estacionário

caneta (f)	qalam ʒāf (m)	قلم جاف
caneta (f) tinteiro	qalam rīʃa (m)	قلم ريشة
lápis (m)	qalam ruṣāṣ (m)	قلم رصاص
marcador (m)	markir (m)	ماركر

caneta (f) de feltro	qalam χaṭṭāṭ (m)	قلم خطاط
bloco (m) de notas	muðakkira (f)	مذكّرة
agenda (f)	ӡadwal al a‘māl (m)	جدول الأعمال

régua (f)	masṭara (f)	مسطرة
calculadora (f)	’āla ḥāsiba (f)	آلة حاسبة
borracha (f)	astīka (f)	استيكة
pionés (m)	dabbūs (m)	دبّوس
clipe (m)	dabbūs waraq (m)	دبّوس ورق

cola (f)	ṣamγ (m)	صمغ
agrafador (m)	dabbāsa (f)	دبّاسة
furador (m)	χarrāma (m)	خرّامة
afia-lápis (m)	mibrāt (f)	مبراة

47. Línguas estrangeiras

língua (f)	luγa (f)	لغة
estrangeiro	aӡnabiy	أجنبيّ
língua (f) estrangeira	luγa aӡnabiyya (f)	لغة أجنبيّة
estudar (vt)	daras	درس
aprender (vt)	ta‘allam	تعلّم

ler (vt)	qara’	قرأ
falar (vi)	takallam	تكلّم
compreender (vt)	fahim	فهم
escrever (vt)	katab	كتب

rapidamente	bi sur‘a	بسرعة
devagar	bi buṭ’	ببطء
fluentemente	bi ṭalāqa	بطلاقة

regras (f pl)	qawā‘id (pl)	قواعد
gramática (f)	an nahw waṣ ṣarf (m)	النحو والصرف
vocabulário (m)	mufradāt al luγa (pl)	مفردات اللغة
fonética (f)	ṣawtīyyāt (pl)	صوتيّات

manual (m) escolar	kitāb ta‘līm (m)	كتاب تعليم
dicionário (m)	qāmūs (m)	قاموس
manual (m) de autoaprendizagem	kitāb ta‘līm ðātiy (m)	كتاب تعليم ذاتيّ
guia (m) de conversação	kitāb lil ‘ibārāt aʃ ʃā’i‘a (m)	كتاب للعبارت الشائعة

cassete (f)	ʃarīṭ (m)	شريط
vídeo cassete (m)	ʃarīṭ vidiyu (m)	شريط فيديو
CD (m)	si di (m)	سي دي
DVD (m)	di vi di (m)	دي في دي

alfabeto (m)	alifbā’ (m)	الفباء
soletrar (vt)	tahaӡӡa	تهجّى
pronúncia (f)	nuṭq (m)	نطق

sotaque (m)	lukna (f)	لكنة
com sotaque	bi lukna	بلكنة

sem sotaque	bi dūn lukna	بدون لكنة
palavra (f)	kalima (f)	كلمة
sentido (m)	maʿna (m)	معنى

cursos (m pl)	dawra (f)	دورة
inscrever-se (vr)	saʒʒal ismahu	سجّل إسمه
professor (m)	mudarris (m)	مدرّس

tradução (processo)	tarʒama (f)	ترجمة
tradução (texto)	tarʒama (f)	ترجمة
tradutor (m)	mutarʒim (m)	مترجم
intérprete (m)	mutarʒim fawriy (m)	مترجم فوريّ

| poliglota (m) | ʿalīm bi ʿiddat luɣāt (m) | علم بعدّة لغات |
| memória (f) | ðākira (f) | ذاكرة |

REFEIÇÕES. RESTAURANTE

48. Por a mesa

colher (f)	mil'aqa (f)	ملعقة
faca (f)	sikkīn (m)	سكّين
garfo (m)	ʃawka (f)	شوكة
chávena (f)	finӡān (m)	فنجان
prato (m)	ṭabaq (m)	طبق
pires (m)	ṭabaq finӡān (m)	طبق فنجان
guardanapo (m)	mandīl (m)	منديل
palito (m)	χallat asnān (f)	خلّة أسنان

49. Restaurante

restaurante (m)	maṭ'am (m)	مطعم
café (m)	kafé (m), maqha (m)	كافيه، مقهى
bar (m), cervejaria (f)	bār (m)	بار
salão (m) de chá	ṣālun ʃāy (m)	صالون شاي
empregado (m) de mesa	nādil (m)	نادل
empregada (f) de mesa	nādila (f)	نادلة
barman (m)	bārman (m)	بارمان
ementa (f)	qā'imat aṭ ṭa'ām (f)	قائمة طعام
lista (f) de vinhos	qā'imat al χumūr (f)	قائمة خمور
reservar uma mesa	ḥaӡaz mā'ida	حجز مائدة
prato (m)	waӡba (f)	وجبة
pedir (vt)	ṭalab	طلب
fazer o pedido	ṭalab	طلب
aperitivo (m)	ʃarāb (m)	شراب
entrada (f)	muqabbilāt (pl)	مقبّلات
sobremesa (f)	ḥalawiyyāt (pl)	حلويّات
conta (f)	ḥisāb (m)	حساب
pagar a conta	dafa' al ḥisāb	دفع الحساب
dar o troco	a'ṭa al bāqi	أعطى الباقي
gorjeta (f)	baqʃīʃ (m)	بقشيش

50. Refeições

comida (f)	akl (m)	أكل
comer (vt)	akal	أكل

pequeno-almoço (m)	fuṭūr (m)	فطور
tomar o pequeno-almoço	afṭar	أفطر
almoço (m)	ɣadā' (m)	غداء
almoçar (vi)	taɣadda	تغدّى
jantar (m)	'aʃā' (m)	عشاء
jantar (vi)	ta'aʃʃa	تعشّى
apetite (m)	ʃahiyya (f)	شهيّة
Bom apetite!	hanī'an marī'an!	هنيئًا مريئًا!
abrir (~ uma lata, etc.)	fataḥ	فتح
derramar (vt)	dalaq	دلق
derramar-se (vr)	indalaq	إندلق
ferver (vi)	ɣala	غلى
ferver (vt)	ɣala	غلى
fervido	maɣliy	مغليّ
arrefecer (vt)	barrad	برّد
arrefecer-se (vr)	tabarrad	تبرّد
sabor, gosto (m)	ṭa'm (m)	طعم
gostinho (m)	al maðāq al 'āliq fil fam (m)	المذاق العالق فى الفم
fazer dieta	faqad al wazn	فقد الوزن
dieta (f)	ḥimya ɣaðā'iyya (f)	حمية غذائية
vitamina (f)	vitamīn (m)	فيتامين
caloria (f)	su'ra ḥarāriyya (f)	سعرة حراريّة
vegetariano (m)	nabātiy (m)	نباتيّ
vegetariano	nabātiy	نباتيّ
gorduras (f pl)	duhūn (pl)	دهون
proteínas (f pl)	brutināt (pl)	بروتينات
carboidratos (m pl)	naʃawiyyāt (pl)	نشويّات
fatia (~ de limão, etc.)	ʃarīḥa (f)	شريحة
pedaço (~ de bolo)	qiṭ'a (f)	قطعة
migalha (f)	futāta (f)	فتاتة

51. Pratos cozinhados

prato (m)	waʒba (f)	وجبة
cozinha (~ portuguesa)	maṭbaχ (m)	مطبخ
receita (f)	waṣfa (f)	وصفة
porção (f)	waʒba (f)	وجبة
salada (f)	sulṭa (f)	سلطة
sopa (f)	ʃūrba (f)	شورية
caldo (m)	maraq (m)	مرق
sandes (f)	sandawitʃ (m)	ساندويتش
ovos (m pl) estrelados	bayḍ maqliy (m)	بيض مقليّ
hambúrguer (m)	hamburger (m)	هامبورجر
bife (m)	biftīk (m)	بفتيك
conduto (m)	ṭabaq ʒānibiy (m)	طبق جانبيّ

espaguete (m)	spaɣitti (m)	سباغيتي
puré (m) de batata	harīs baṭāṭis (m)	هريس بطاطس
pizza (f)	bītza (f)	بيتزا
papa (f)	ʿaṣīda (f)	عصيدة
omelete (f)	bayḍ maxfūq (m)	بيض مخفوق
cozido em água	maslūq	مسلوق
fumado	mudaxxin	مدخّن
frito	maqliy	مقلي
seco	muʒaffaf	مجفّف
congelado	muʒammad	مجمّد
em conserva	muxallil	مخلّل
doce (açucarado)	musakkar	مسكّر
salgado	māliḥ	مالح
frio	bārid	بارد
quente	sāxin	ساخن
amargo	murr	مرّ
gostoso	laðīð	لذيذ
cozinhar (em água a ferver)	ṭabax	طبخ
fazer, preparar (vt)	haḍḍar	حضّر
fritar (vt)	qala	قلي
aquecer (vt)	saxxan	سخّن
salgar (vt)	mallaḥ	ملّح
apimentar (vt)	falfal	فلفل
ralar (vt)	baʃar	بشر
casca (f)	qiʃra (f)	قشرة
descascar (vt)	qaʃʃar	قشّر

52. Comida

carne (f)	laḥm (m)	لحم
galinha (f)	daʒāʒ (m)	دجاج
frango (m)	farrūʒ (m)	فرّوج
pato (m)	baṭṭa (f)	بطّة
ganso (m)	iwazza (f)	إوزّة
caça (f)	ṣayd (m)	صيد
peru (m)	daʒāʒ rūmiy (m)	دجاج رومي
carne (f) de porco	laḥm al xinzīr (m)	لحم الخنزير
carne (f) de vitela	laḥm il ʿiʒl (m)	لحم العجل
carne (f) de carneiro	laḥm aḍ ḍaʾn (m)	لحم الضأن
carne (f) de vaca	laḥm al baqar (m)	لحم البقر
carne (f) de coelho	arnab (m)	أرنب
chouriço, salsichão (m)	suʒuq (m)	سجق
salsicha (f)	suʒuq (m)	سجق
bacon (m)	bikūn (m)	بيكون
fiambre (f)	hām (m)	هام
presunto (m)	faxð xinzīr (m)	فخذ خنزير
patê (m)	maʿʒūn laḥm (m)	معجون لحم
fígado (m)	kibda (f)	كبدة

carne (f) moída	ḥaʃwa (f)	حشوة
língua (f)	lisān (m)	لسان
ovo (m)	bayḍa (f)	بيضة
ovos (m pl)	bayḍ (m)	بيض
clara (f) do ovo	bayāḍ al bayḍ (m)	بياض البيض
gema (f) do ovo	ṣafār al bayḍ (m)	صفار البيض
peixe (m)	samak (m)	سمك
mariscos (m pl)	fawākih al baḥr (pl)	فواكه البحر
caviar (m)	kaviyār (m)	كافيار
caranguejo (m)	salṭaʿūn (m)	سلطعون
camarão (m)	ʒambari (m)	جمبري
ostra (f)	maḥār (m)	محار
lagosta (f)	karkand ʃāik (m)	كركند شائك
polvo (m)	uχtubūṭ (m)	أخطبوط
lula (f)	kalmāri (m)	كالماري
esturjão (m)	samak al ḥaʃʃ (m)	سمك الحفش
salmão (m)	salmūn (m)	سلمون
halibute (m)	samak al halbūt (m)	سمك الهلبوت
bacalhau (m)	samak al qudd (m)	سمك القدّ
cavala, sarda (f)	usqumriy (m)	أسقمريّ
atum (m)	tūna (f)	تونة
enguia (f)	ḥankalīs (m)	حنكليس
truta (f)	salmūn muraqqaṭ (m)	سلمون مرقّط
sardinha (f)	sardīn (m)	سردين
lúcio (m)	samak al karāki (m)	سمك الكراكي
arenque (m)	rinʒa (f)	رنجة
pão (m)	χubz (m)	خبز
queijo (m)	ʒubna (f)	جبنة
açúcar (m)	sukkar (m)	سكّر
sal (m)	milḥ (m)	ملح
arroz (m)	urz (m)	أرز
massas (f pl)	makarūna (f)	مكرونة
talharim (m)	nūdlis (f)	نودلز
manteiga (f)	zubda (f)	زبدة
óleo (m) vegetal	zayt (m)	زيت
óleo (m) de girassol	zayt ʿabīd aʃ ʃams (m)	زيت عبيد الشمس
margarina (f)	marɣarīn (m)	مرغرين
azeitonas (f pl)	zaytūn (m)	زيتون
azeite (m)	zayt az zaytūn (m)	زيت الزيتون
leite (m)	ḥalīb (m)	حليب
leite (m) condensado	ḥalīb mukaθθaf (m)	حليب مكثّف
iogurte (m)	yūɣurt (m)	يوغورت
nata (f) azeda	krīma ḥāmiḍa (f)	كريمة حامضة
nata (f) do leite	krīma (f)	كريمة
maionese (m)	mayunīz (m)	مايونيز

creme (m)	krīmat zubda (f)	كريمة زبدة
grãos (m pl) de cereais	ḥubūb (pl)	حبوب
farinha (f)	daqīq (m)	دقيق
enlatados (m pl)	muʿallabāt (pl)	معلبات
flocos (m pl) de milho	kurn fliks (m)	كورن فليكس
mel (m)	ʿasal (m)	عسل
doce (m)	murabba (m)	مربى
pastilha (f) elástica	ʿilk (m)	علك

53. Bebidas

água (f)	māʾ (m)	ماء
água (f) potável	māʾ ʃurb (m)	ماء شرب
água (f) mineral	māʾ maʿdaniy (m)	ماء معدنيّ
sem gás	bi dūn ɣāz	بدون غاز
gaseificada	mukarban	مكربن
com gás	bil ɣāz	بالغاز
gelo (m)	θalʒ (m)	ثلج
com gelo	biθ θalʒ	بالثلج
sem álcool	bi dūn kuḥūl	بدون كحول
bebida (f) sem álcool	maʃrūb ɣāziy (m)	مشروب غازي
refresco (m)	maʃrūb muθallaʒ (m)	مشروب مثلج
limonada (f)	ʃarāb laymūn (m)	شراب ليمون
bebidas (f pl) alcoólicas	maʃrūbāt kuḥūliyya (pl)	مشروبات كحوليّة
vinho (m)	nabīð (f)	نبيذ
vinho (m) branco	nibīð abyaḍ (m)	نبيذ أبيض
vinho (m) tinto	nabīð aḥmar (m)	نبيذ أحمر
licor (m)	liqiūr (m)	ليكيور
champanhe (m)	ʃambāniya (f)	شمبانيا
vermute (m)	virmut (m)	فيرموث
uísque (m)	wiski (m)	وسكي
vodka (f)	vudka (f)	فودكا
gim (m)	ʒīn (m)	جين
conhaque (m)	kunyāk (m)	كونياك
rum (m)	rum (m)	رم
café (m)	qahwa (f)	قهوة
café (m) puro	qahwa sāda (f)	قهوة سادة
café (m) com leite	qahwa bil ḥalīb (f)	قهوة بالحليب
cappuccino (m)	kaputʃīnu (m)	كابتشينو
café (m) solúvel	niskafi (m)	نيسكافيه
leite (m)	ḥalīb (m)	حليب
coquetel (m)	kuktayl (m)	كوكتيل
batido (m) de leite	milk ʃiyk (m)	ميلك شيك
sumo (m)	ʿaṣīr (m)	عصير
sumo (m) de tomate	ʿaṣīr ṭamāṭim (m)	عصير طماطم

sumo (m) de laranja	'aṣīr burtuqāl (m)	عصير برتقال
sumo (m) fresco	'aṣīr ṭāziʒ (m)	عصير طازج
cerveja (f)	bīra (f)	بيرة
cerveja (f) clara	bīra xafīfa (f)	بيرة خفيفة
cerveja (f) preta	bīra ɣāmiqa (f)	بيرة غامقة
chá (m)	ʃāy (m)	شاي
chá (m) preto	ʃāy aswad (m)	شاي أسود
chá (m) verde	ʃāy axḍar (m)	شاي أخضر

54. Vegetais

legumes (m pl)	xuḍār (pl)	خضار
verduras (f pl)	xuḍrawāt waraqiyya (pl)	خضروات ورقيّة
tomate (m)	ṭamāṭim (f)	طماطم
pepino (m)	xiyār (m)	خيار
cenoura (f)	ʒazar (m)	جزر
batata (f)	baṭāṭis (f)	بطاطس
cebola (f)	baṣal (m)	بصل
alho (m)	θūm (m)	ثوم
couve (f)	kurumb (m)	كرنب
couve-flor (f)	qarnabīṭ (m)	قرنبيط
couve-de-bruxelas (f)	kurumb brūksil (m)	كرنب بروكسل
brócolos (m pl)	brukuli (m)	بركولي
beterraba (f)	banʒar (m)	بنجر
beringela (f)	bātinʒān (m)	باذنجان
curgete (f)	kūsa (f)	كوسة
abóbora (f)	qarʻ (m)	قرع
nabo (m)	lift (m)	لفت
salsa (f)	baqdūnis (m)	بقدونس
funcho, endro (m)	ʃabat (m)	شبت
alface (f)	xass (m)	خسّ
aipo (m)	karafs (m)	كرفس
espargo (m)	halyūn (m)	هليون
espinafre (m)	sabānix (m)	سبانخ
ervilha (f)	bisilla (f)	بسلّة
fava (f)	fūl (m)	فول
milho (m)	ðura (f)	ذرّة
feijão (m)	faṣūliya (f)	فاصوليا
pimentão (m)	filfil (m)	فلفل
rabanete (m)	fiʒl (m)	فجل
alcachofra (f)	xurʃūf (m)	خرشوف

55. Frutos. Nozes

fruta (f)	fākiha (f)	فاكهة
maçã (f)	tuffāḥa (f)	تفّاحة

pera (f)	kummaθra (f)	كُمّثرى
limão (m)	laymūn (m)	ليمون
laranja (f)	burtuqāl (m)	برتقال
morango (m)	farawla (f)	فراولة
tangerina (f)	yūsufiy (m)	يوسفي
ameixa (f)	barqūq (m)	برقوق
pêssego (m)	durrāq (m)	دراق
damasco (m)	miʃmiʃ (f)	مشمش
framboesa (f)	tūt al ʿullayq al aḥmar (m)	توت العلّيق الأحمر
ananás (m)	ananās (m)	أناناس
banana (f)	mawz (m)	موز
melancia (f)	baṭṭīχ aḥmar (m)	بطّيخ أحمر
uva (f)	ʿinab (m)	عنب
ginja, cereja (f)	karaz (m)	كرز
meloa (f)	baṭṭīχ aṣfar (f)	بطّيخ أصفر
toranja (f)	zinbāʿ (m)	زنباع
abacate (m)	avukādu (f)	افوكاتو
papaia (f)	babāya (m)	بابايا
manga (f)	mangu (m)	مانجو
romã (f)	rummān (m)	رمان
groselha (f) vermelha	kiʃmiʃ aḥmar (m)	كشمش أحمر
groselha (f) preta	ʿinab aθ θaʿlab al aswad (m)	عنب الثعلب الأسود
groselha (f) espinhosa	ʿinab aθ θaʿlab (m)	عنب الثعلب
mirtilo (m)	ʿinab al aḥrāʒ (m)	عنب الأحراج
amora silvestre (f)	θamar al ʿullayk (m)	ثمر العلّيق
uvas (f pl) passas	zabīb (m)	زبيب
figo (m)	tīn (m)	تين
tâmara (f)	tamr (m)	تمر
amendoim (m)	fūl sudāniy (m)	فول سودانيّ
amêndoa (f)	lawz (m)	لوز
noz (f)	ʿayn al ʒamal (f)	عين الجمل
avelã (f)	bunduq (m)	بندق
coco (m)	ʒawz al hind (m)	جوز هند
pistáchios (m pl)	fustuq (m)	فستق

56. Pão. Bolaria

pastelaria (f)	ḥalawiyyāt (pl)	حلويّات
pão (m)	χubz (m)	خبز
bolacha (f)	baskawīt (m)	بسكويت
chocolate (m)	ʃukulāta (f)	شكولاتة
de chocolate	biʃ ʃukulāta	بالشكولاتة
rebuçado (m)	bumbūn (m)	بونبون
bolo (cupcake, etc.)	kaʿk (m)	كعك
bolo (m) de aniversário	tūrta (f)	تورتة
tarte (~ de maçã)	faṭīra (f)	فطيرة
recheio (m)	ḥaʃwa (f)	حشوة

doce (m)	murabba (m)	مربّى
geleia (f) de frutas	marmalād (f)	مرملاد
waffle (m)	wāfil (m)	وافل
gelado (m)	muθallaӡāt (pl)	مثلّجات
pudim (m)	būding (m)	بودنج

57. Especiarias

sal (m)	milḥ (m)	ملح
salgado	māliḥ	مالح
salgar (vt)	mallaḥ	ملح

pimenta (f) preta	filfil aswad (m)	فلفل أسود
pimenta (f) vermelha	filfil aḥmar (m)	فلفل أحمر
mostarda (f)	ṣalṣat al ҳardal (f)	صلصة الخردل
raiz-forte (f)	fiӡl ḥārr (m)	فجل حارّ

condimento (m)	tābil (m)	تابل
especiaria (f)	bahār (m)	بهار
molho (m)	ṣalṣa (f)	صلصة
vinagre (m)	ҳall (m)	خلّ

anis (m)	yānsūn (m)	يانسون
manjericão (m)	rīḥān (m)	ريحان
cravo (m)	qurumful (m)	قرنفل
gengibre (m)	zanӡabīl (m)	زنجبيل
coentro (m)	kuzbara (f)	كزبرة
canela (f)	qirfa (f)	قرفة

sésamo (m)	simsim (m)	سمسم
folhas (f pl) de louro	awrāq al ҳār (pl)	أوراق الغار
páprica (f)	babrika (f)	بابريكا
cominho (m)	karāwiya (f)	كراوية
açafrão (m)	za'farān (m)	زعفران

INFORMAÇÃO PESSOAL. FAMÍLIA

58. Informação pessoal. Formulários

nome (m)	ism (m)	إسم
apelido (m)	ism al 'ā'ila (m)	إسم العائلة
data (f) de nascimento	tarīχ al mīlād (m)	تاريخ الميلاد
local (m) de nascimento	makān al mīlād (m)	مكان الميلاد
nacionalidade (f)	ʒinsiyya (f)	جنسية
lugar (m) de residência	maqarr al iqāma (m)	مقر الإقامة
país (m)	balad (m)	بلد
profissão (f)	mihna (f)	مهنة
sexo (m)	ʒins (m)	جنس
estatura (f)	ṭūl (m)	طول
peso (m)	wazn (m)	وزن

59. Membros da família. Parentes

mãe (f)	umm (f)	أُم
pai (m)	ab (m)	أَب
filho (m)	ibn (m)	إبن
filha (f)	ibna (f)	إبنة
filha (f) mais nova	al ibna aṣ ṣaɣīra (f)	الإبنة الصغيرة
filho (m) mais novo	al ibn aṣ ṣaɣīr (m)	الابن الصغير
filha (f) mais velha	al ibna al kabīra (f)	الإبنة الكبيرة
filho (m) mais velho	al ibn al kabīr (m)	الإبن الكبير
irmão (m)	aχ (m)	أخ
irmão (m) mais velho	al aχ al kabīr (m)	الأخ الكبير
irmão (m) mais novo	al aχ aṣ ṣaɣīr (m)	الأخ الصغير
irmã (f)	uχt (f)	أخت
irmã (f) mais velha	al uχt al kabīra (f)	الأخت الكبيرة
irmã (f) mais nova	al uχt aṣ ṣaɣīra (f)	الأخت الصغيرة
primo (m)	ibn 'amm (m), ibn χāl (m)	إبن عمّ، إبن خال
prima (f)	ibnat 'amm (f), ibnat χāl (f)	إبنة عمّ، إبنة خال
mamã (f)	mama (f)	ماما
papá (m)	baba (m)	بابا
pais (pl)	wālidān (du)	والدان
criança (f)	ṭifl (m)	طفل
crianças (f pl)	aṭfāl (pl)	أطفال
avó (f)	ʒidda (f)	جدّة
avô (m)	ʒadd (m)	جدّ
neto (m)	ḥafīd (m)	حفيد

neta (f)	ḥafīda (f)	حفيدة
netos (pl)	aḥfād (pl)	أحفاد
tio (m)	ʿamm (m), χāl (m)	عمّ, خال
tia (f)	ʿamma (f), χāla (f)	عمّة, خالة
sobrinho (m)	ibn al aχ (m), ibn al uχt (m)	إبن الأخ, إبن الأخت
sobrinha (f)	ibnat al aχ (f), ibnat al uχt (f)	إبنة الأخ, إبنة الأخت
sogra (f)	ḥamātt (f)	حماة
sogro (m)	ḥamm (m)	حم
genro (m)	zawȝ al ibna (m)	زوج الأبنة
madrasta (f)	zawȝat al ab (f)	زوجة الأب
padrasto (m)	zawȝ al umm (m)	زوج الأمّ
criança (f) de colo	ṭifl raḍīʿ (m)	طفل رضيع
bebé (m)	mawlūd (m)	مولود
menino (m)	walad ṣaɣīr (m)	ولد صغير
mulher (f)	zawȝa (f)	زوجة
marido (m)	zawȝ (m)	زوج
esposo (m)	zawȝ (m)	زوج
esposa (f)	zawȝa (f)	زوجة
casado	mutazawwiȝ	متزوّج
casada	mutazawwiȝa	متزوّجة
solteiro	aʿzab	أعزب
solteirão (m)	aʿzab (m)	أعزب
divorciado	muṭallaq (m)	مطلّق
viúva (f)	armala (f)	أرملة
viúvo (m)	armal (m)	أرمل
parente (m)	qarīb (m)	قريب
parente (m) próximo	nasīb qarīb (m)	نسيب قريب
parente (m) distante	nasīb baʿīd (m)	نسيب بعيد
parentes (m pl)	aqārib (pl)	أقارب
órfão (m), órfã (f)	yatīm (m)	يتيم
tutor (m)	waliyy amr (m)	وليّ أمر
adotar (um filho)	tabanna	تبنّى
adotar (uma filha)	tabanna	تبنّى

60. Amigos. Colegas de trabalho

amigo (m)	ṣadīq (m)	صديق
amiga (f)	ṣadīqa (f)	صديقة
amizade (f)	ṣadāqa (f)	صداقة
ser amigos	ṣādaq	صادق
amigo (m)	ṣāḥib (m)	صاحب
amiga (f)	ṣaḥiba (f)	صاحبة
parceiro (m)	rafīq (m)	رفيق
chefe (m)	raʾīs (m)	رئيس
superior (m)	raʾīs (m)	رئيس
proprietário (m)	ṣāḥib (m)	صاحب

subordinado (m)	tābi' (m)	تابع
colega (m)	zamīl (m)	زميل
conhecido (m)	ma'ruf (m)	معروف
companheiro (m) de viagem	rafīq safar (m)	رفيق سفر
colega (m) de classe	zamīl fiṣ ṣaff (m)	زميل في الصفّ
vizinho (m)	ӡār (m)	جار
vizinha (f)	ӡāra (f)	جارة
vizinhos (pl)	ӡirān (pl)	جيران

CORPO HUMANO. MEDICINA

61. Cabeça

cabeça (f)	ra's (m)	رأس
cara (f)	waӡh (m)	وجه
nariz (m)	anf (m)	أنف
boca (f)	fam (m)	فم
olho (m)	ʿayn (f)	عين
olhos (m pl)	ʿuyūn (pl)	عيون
pupila (f)	ḥadaqa (f)	حدقة
sobrancelha (f)	ḥāӡib (m)	حاجب
pestana (f)	rimʃ (m)	رمش
pálpebra (f)	ӡafn (m)	جفن
língua (f)	lisān (m)	لسان
dente (m)	sinn (f)	سنّ
lábios (m pl)	ʃifāh (pl)	شفاه
maçãs (f pl) do rosto	ʿiẓām waӡhiyya (pl)	عظام وجهيّة
gengiva (f)	liθθa (f)	لثّة
palato (m)	ḥanak (m)	حنك
narinas (f pl)	minxarān (du)	منخران
queixo (m)	ðaqan (m)	ذقن
mandíbula (f)	fakk (m)	فكّ
bochecha (f)	xadd (m)	خدّ
testa (f)	ӡabha (f)	جبهة
têmpora (f)	ṣudɣ (m)	صدغ
orelha (f)	uðun (f)	أذن
nuca (f)	qafa (m)	قفا
pescoço (m)	raqaba (f)	رقبة
garganta (f)	ḥalq (m)	حلق
cabelos (m pl)	ʃaʿr (m)	شعر
penteado (m)	tasrīḥa (f)	تسريحة
corte (m) de cabelo	tasrīḥa (f)	تسريحة
peruca (f)	barūka (f)	باروكة
bigode (m)	ʃawārib (pl)	شوارب
barba (f)	liḥya (f)	لحية
usar, ter (~ barba, etc.)	ʿindahu	عنده
trança (f)	ḍifīra (f)	ضفيرة
suíças (f pl)	sawālif (pl)	سوالف
ruivo	aḥmar aʃ ʃaʿr	أحمر الشعر
grisalho	abyaḍ	أبيض
calvo	aṣlaʿ	أصلع
calva (f)	ṣalaʿ (m)	صلع

| rabo-de-cavalo (m) | ðayl ḥiṣān (m) | ذيل حصان |
| franja (f) | quṣṣa (f) | قصّة |

62. Corpo humano

| mão (f) | yad (m) | يد |
| braço (m) | ðirā' (f) | ذراع |

dedo (m)	iṣba' (m)	إصبع
dedo (m) do pé	iṣba' al qadam (m)	إصبع القدم
polegar (m)	ibhām (m)	إبهام
dedo (m) mindinho	χunṣur (m)	خنصر
unha (f)	ẓufr (m)	ظفر

punho (m)	qabḍa (f)	قبضة
palma (f) da mão	kaff (f)	كفّ
pulso (m)	mi'ṣam (m)	معصم
antebraço (m)	sā'id (m)	ساعد
cotovelo (m)	mirfaq (m)	مرفق
ombro (m)	katf (f)	كتف

perna (f)	riʒl (f)	رجل
pé (m)	qadam (f)	قدم
joelho (m)	rukba (f)	ركبة
barriga (f) da perna	sammāna (f)	سمّانة
anca (f)	faχð (f)	فخذ
calcanhar (m)	'aqb (m)	عقب

corpo (m)	ʒism (m)	جسم
barriga (f)	baṭn (m)	بطن
peito (m)	ṣadr (m)	صدر
seio (m)	θady (m)	ثدي
lado (m)	ʒamb (m)	جنب
costas (f pl)	ẓahr (m)	ظهر
região (f) lombar	asfal aẓ ẓahr (m)	أسفل الظهر
cintura (f)	χaṣr (m)	خصر

umbigo (m)	surra (f)	سرّة
nádegas (f pl)	ardāf (pl)	أرداف
traseiro (m)	dubr (m)	دبر

sinal (m)	ʃāma (f)	شامة
sinal (m) de nascença	waḥma	وحمة
tatuagem (f)	waʃm (m)	وشم
cicatriz (f)	nadba (f)	ندبة

63. Doenças

doença (f)	maraḍ (m)	مرض
estar doente	maraḍ	مرض
saúde (f)	ṣiḥḥa (f)	صحّة
nariz (m) a escorrer	zukām (m)	زكام

amigdalite (f)	iltihāb al lawzatayn (m)	التهاب اللوزتين
constipação (f)	bard (m)	برد
constipar-se (vr)	aşābahu al bard	أصابه البرد

bronquite (f)	iltihāb al qaşabāt (m)	إلتهاب القصبات
pneumonia (f)	iltihāb ar ri'atayn (m)	إلتهاب الرئتين
gripe (f)	inflūnza (f)	إنفلونزا

míope	qaşīr an naẓar	قصير النظر
presbita	ba'īd an naẓar	بعيد النظر
estrabismo (m)	ḥawal (m)	حول
estrábico	aḥwal	أحول
catarata (f)	katarakt (f)	كاتاراكت
glaucoma (m)	glawkūma (f)	جلوكوما

AVC (m), apoplexia (f)	sakta (f)	سكتة
ataque (m) cardíaco	iḥtiʃā' (m)	إحتشاء
enfarte (m) do miocárdio	nawba qalbiya (f)	نوبة قلبية
paralisia (f)	ʃalal (m)	شلل
paralisar (vt)	ʃall	شلّ

alergia (f)	ḥassāsiyya (f)	حسّاسيّة
asma (f)	rabw (m)	ربو
diabetes (f)	ad dā' as sukkariy (m)	الداء السكّريّ

| dor (f) de dentes | alam al asnān (m) | ألم الأسنان |
| cárie (f) | naxar al asnān (m) | نخر الأسنان |

diarreia (f)	ishāl (m)	إسهال
prisão (f) de ventre	imsāk (m)	إمساك
desarranjo (m) intestinal	'usr al haḍm (m)	عسر الهضم
intoxicação (f) alimentar	tasammum (m)	تسمّم
intoxicar-se	tasammam	تسمّم

artrite (f)	iltihāb al mafāşil (m)	إلتهاب المفاصل
raquitismo (m)	kusāḥ al aṭfāl (m)	كساح الأطفال
reumatismo (m)	riumatizm (m)	روماتزم
arteriosclerose (f)	taşşallub aʃ ʃarayīn (m)	تصلّب الشرايين

gastrite (f)	iltihāb al ma'ida (m)	إلتهاب المعدة
apendicite (f)	iltihāb az zā'ida ad dūdiyya (m)	إلتهاب الزائدة الدوديّة
colecistite (f)	iltihāb al marāra (m)	إلتهاب المرارة
úlcera (f)	qurḥa (f)	قرحة

sarampo (m)	maraḍ al ḥaşba (m)	مرض الحصبة
rubéola (f)	ḥaşba almāniyya (f)	حصبة ألمانية
iterícia (f)	yaraqān (m)	يرقان
hepatite (f)	iltihāb al kabd al vayrūsiy (m)	إلتهاب الكبد الفيروسيّ

esquizofrenia (f)	ʃizufrīniya (f)	شيزوفرينيا
raiva (f)	dā' al kalb (m)	داء الكلب
neurose (f)	'işāb (m)	عصاب
comoção (f) cerebral	irtiʒāʒ al muxx (m)	إرتجاج المخ
cancro (m)	saraṭān (m)	سرطان
esclerose (f)	taşşallub (m)	تصلّب

esclerose (f) múltipla	taṣṣallub mutaʿaddid (m)	تصلّب متعدد
alcoolismo (m)	idmān al χamr (m)	إدمان الخمر
alcoólico (m)	mudmin al χamr (m)	مدمن الخمر
sífilis (f)	sifilis az zuhariy (m)	سفلس الزهري
SIDA (f)	al aydz (m)	الايدز

tumor (m)	waram (m)	ورم
maligno	χabīθ	خبيث
benigno	ḥamīd (m)	حميد

febre (f)	ḥumma (f)	حمّى
malária (f)	malāriya (f)	ملاريا
gangrena (f)	ɣanɣrīna (f)	غنفرينا
enjoo (m)	duwār al baḥr (m)	دوار البحر
epilepsia (f)	maraḍ aṣ ṣarʿ (m)	مرض الصرع

epidemia (f)	wabāʾ (m)	وباء
tifo (m)	tīfus (m)	تيفوس
tuberculose (f)	maraḍ as sull (m)	مرض السلّ
cólera (f)	kulīra (f)	كوليرا
peste (f)	ṭāʿūn (m)	طاعون

64. Sintomas. Tratamentos. Parte 1

sintoma (m)	ʿaraḍ (m)	عرض
temperatura (f)	ḥarāra (f)	حرارة
febre (f)	ḥumma (f)	حمّى
pulso (m)	nabḍ (m)	نبض

vertigem (f)	dawχa (f)	دوخة
quente (testa, etc.)	ḥārr	حارّ
calafrio (m)	nafaḍān (m)	نفضان
pálido	aṣfar	أصفر

tosse (f)	suʿāl (m)	سعال
tossir (vi)	saʿal	سعل
espirrar (vi)	ʿaṭas	عطس
desmaio (m)	iɣmāʾ (m)	إغماء
desmaiar (vi)	ɣumiya ʿalayh	غمي عليه

nódoa (f) negra	kadma (f)	كدمة
galo (m)	tawarrum (m)	تورّم
magoar-se (vr)	iṣṭadam	إصطدم
pisadura (f)	raḍḍ (m)	رضّ
aleijar-se (vr)	taraḍḍaḍ	ترضّض

coxear (vi)	ʿaraʒ	عرج
deslocação (f)	χalʿ (m)	خلع
deslocar (vt)	χalaʿ	خلع
fratura (f)	kasr (m)	كسر
fraturar (vt)	inkasar	إنكسر

corte (m)	ʒurḥ (m)	جرح
cortar-se (vr)	ʒaraḥ nafsah	جرح نفسه

hemorragia (f)	nazf (m)	نزف
queimadura (f)	ḥarq (m)	حرق
queimar-se (vr)	taʃayyat	تشيط

picar (vt)	waχaz	وخز
picar-se (vr)	waχaz nafsah	وخز نفسه
lesionar (vt)	aṣāb	أصاب
lesão (m)	iṣāba (f)	إصابة
ferida (f), ferimento (m)	ʒurḥ (m)	جرح
trauma (m)	ṣadma (f)	صدمة

delirar (vi)	haða	هذى
gaguejar (vi)	tala'sam	تلعثم
insolação (f)	ḍarbat ʃams (f)	ضربة شمس

65. Sintomas. Tratamentos. Parte 2

dor (f)	alam (m)	ألم
farpa (no dedo)	ʃaẓiyya (f)	شظيّة

suor (m)	'irq (m)	عرق
suar (vi)	'ariq	عرق
vómito (m)	taqayyu' (m)	تقيؤ
convulsões (f pl)	taʃannuʒāt (pl)	تشنّجات

grávida	ḥāmil	حامل
nascer (vi)	wulid	وُلد
parto (m)	wilāda (f)	ولادة
dar à luz	walad	ولد
aborto (m)	iʒhāḍ (m)	إجهاض

respiração (f)	tanaffus (m)	تنفّس
inspiração (f)	istinʃāq (m)	إستنشاق
expiração (f)	zafīr (m)	زفير
expirar (vi)	zafar	زفر
inspirar (vi)	istanʃaq	إستنشق

inválido (m)	mu'āq (m)	معاق
aleijado (m)	muq'ad (m)	مقعد
toxicodependente (m)	mudmin muχaddirāt (m)	مدمن مخدّرات

surdo	aṭraʃ	أطرش
mudo	aχras	أخرس
surdo-mudo	aṭraʃ aχras	أطرش أخرس

louco (adj.)	maʒnūn	مجنون
louco (m)	maʒnūn (m)	مجنون
louca (f)	maʒnūna (f)	مجنونة
ficar louco	ʒunn	جُنّ

gene (m)	ʒīn (m)	جين
imunidade (f)	manā'a (f)	مناعة
hereditário	wirāθiy	وراثيّ
congénito	χilqiy munð al wilāda	خلقيّ منذ الولادة

vírus (m)	virūs (m)	فيروس
micróbio (m)	mikrūb (m)	ميكروب
bactéria (f)	ʒurθūma (f)	جرثومة
infeção (f)	ʿadwa (f)	عدوى

66. Sintomas. Tratamentos. Parte 3

hospital (m)	mustaʃfa (m)	مستشفى
paciente (m)	marīḍ (m)	مريض
diagnóstico (m)	taʃxīṣ (m)	تشخيص
cura (f)	ʿilāʒ (m)	علاج
tratamento (m) médico	ʿilāʒ (m)	علاج
curar-se (vr)	taʿālaʒ	تعالج
tratar (vt)	ʿālaʒ	عالج
cuidar (pessoa)	marraḍ	مرض
cuidados (m pl)	ʿināya (f)	عناية
operação (f)	ʿamaliyya ʒaraḥiyya (f)	عملية جرحية
enfaixar (vt)	ḍammad	ضمد
enfaixamento (m)	taḍmīd (m)	تضميد
vacinação (f)	talqīḥ (m)	تلقيح
vacinar (vt)	laqqaḥ	لقح
injeção (f)	ḥuqna (f)	حقنة
dar uma injeção	ḥaqan ibra	حقن إبرة
ataque (~ de asma, etc.)	nawba (f)	نوبة
amputação (f)	batr (m)	بتر
amputar (vt)	batar	بتر
coma (f)	ɣaybūba (f)	غيبوبة
estar em coma	kān fi ḥālat ɣaybūba	كان في حالة غيبوبة
reanimação (f)	al ʿināya al murakkaza (f)	العناية المركزة
recuperar-se (vr)	ʃufiy	شفي
estado (~ de saúde)	ḥāla (f)	حالة
consciência (f)	waʿy (m)	وعي
memória (f)	ðākira (f)	ذاكرة
tirar (vt)	xalaʿ	خلع
chumbo (m), obturação (f)	ḥaʃw (m)	حشو
chumbar, obturar (vt)	ḥaʃa	حشا
hipnose (f)	at tanwīm al maɣnaṭīsiy (m)	التنويم المغناطيسي
hipnotizar (vt)	nawwam	نوم

67. Medicina. Drogas. Acessórios

medicamento (m)	dawāʾ (m)	دواء
remédio (m)	ʿilāʒ (m)	علاج
receitar (vt)	waṣaf	وصف
receita (f)	waṣfa (f)	وصفة

comprimido (m)	qurṣ (m)	قرص
pomada (f)	marham (m)	مرهم
ampola (f)	ambūla (f)	أمبولة
preparado (m)	dawā' ʃarāb (m)	دواء شراب
xarope (m)	ʃarāb (m)	شراب
cápsula (f)	ḥabba (f)	حبّة
remédio (m) em pó	ðarūr (m)	ذرور
ligadura (f)	ḍammāda (f)	ضمادة
algodão (m)	quṭn (m)	قطن
iodo (m)	yūd (m)	يود
penso (m) rápido	blāstir (m)	بلاستر
conta-gotas (m)	māṣṣat al bastara (f)	ماصّة البسترة
termómetro (m)	tirmūmitr (m)	ترمومتر
seringa (f)	miḥqana (f)	محقنة
cadeira (f) de rodas	kursiy mutaḥarrik (m)	كرسي متحرّك
muletas (f pl)	ʻukkāzān (du)	عكّازان
analgésico (m)	musakkin (m)	مسكّن
laxante (m)	mulayyin (m)	مليّن
álcool (m) etílico	iθanūl (m)	إيثانول
ervas (f pl) medicinais	a'ʃāb ṭibbiyya (pl)	أعشاب طبية
de ervas (chá ~)	ʻuʃbiy	عشبيّ

APARTAMENTO

68. Apartamento

apartamento (m)	ʃaqqa (f)	شقّة
quarto (m)	ɣurfa (f)	غرفة
quarto (m) de dormir	ɣurfat an nawm (f)	غرفة النوم
sala (f) de jantar	ɣurfat il akl (f)	غرفة الأكل
sala (f) de estar	ṣālat al istiqbāl (f)	صالة الإستقبال
escritório (m)	maktab (m)	مكتب
antessala (f)	madχal (m)	مدخل
quarto (m) de banho	ḥammām (m)	حمّام
toilette (lavabo)	ḥammām (m)	حمّام
teto (m)	saqf (m)	سقف
chão, soalho (m)	arḍ (f)	أرض
canto (m)	zāwiya (f)	زاوية

69. Mobiliário. Interior

mobiliário (m)	aθāθ (m)	أثاث
mesa (f)	maktab (m)	مكتب
cadeira (f)	kursiy (m)	كرسيّ
cama (f)	sarīr (m)	سرير
divã (m)	kanaba (f)	كنبة
cadeirão (m)	kursiy (m)	كرسيّ
estante (f)	χizānat kutub (f)	خزانة كتب
prateleira (f)	raff (m)	رفّ
guarda-vestidos (m)	dūlāb (m)	دولاب
cabide (m) de parede	ʃammāʕa (f)	شمّاعة
cabide (m) de pé	ʃammāʕa (f)	شمّاعة
cómoda (f)	dulāb adrāʒ (m)	دولاب أدراج
mesinha (f) de centro	ṭāwilat al qahwa (f)	طاولة القهوة
espelho (m)	mir'āt (f)	مرآة
tapete (m)	siʒāda (f)	سجادة
tapete (m) pequeno	siʒāda (f)	سجادة
lareira (f)	midfa'a ḥā'iṭiyya (f)	مدفأة حائطيّة
vela (f)	ʃamʕa (f)	شمعة
castiçal (m)	ʃamʕadān (m)	شمعدان
cortinas (f pl)	satā'ir (pl)	ستائر
papel (m) de parede	waraq ḥīṭān (m)	ورق حيطان

estores (f pl)	haṣīrat ʃubbāk (f)	حصيرة شبّاك
candeeiro (m) de mesa	miṣbāḥ aṭ ṭāwila (m)	مصباح الطاولة
candeeiro (m) de parede	miṣbāḥ al ḥā'iṭ (f)	مصباح الحائط
candeeiro (m) de pé	miṣbāḥ arḍiy (m)	مصباح أرضيّ
lustre (m)	naʒafa (f)	نجفة
pé (de mesa, etc.)	riʒl (f)	رجل
braço (m)	masnad (m)	مسند
costas (f pl)	masnad (m)	مسند
gaveta (f)	durʒ (m)	درج

70. Quarto de dormir

roupa (f) de cama	bayāḍāt as sarīr (pl)	بياضات السرير
almofada (f)	wisāda (f)	وسادة
fronha (f)	kīs al wisāda (m)	كيس الوسادة
cobertor (m)	baṭṭāniyya (f)	بطّانيّة
lençol (m)	milāya (f)	ملاية
colcha (f)	ɣiṭā' as sarīr (m)	غطاء السرير

71. Cozinha

cozinha (f)	maṭbaχ (m)	مطبخ
gás (m)	ɣāz (m)	غاز
fogão (m) a gás	butuɣāz (m)	بوتوغاز
fogão (m) elétrico	furn kaharabā'iy (m)	فرن كهربائيّ
forno (m)	furn (m)	فرن
forno (m) de micro-ondas	furn al mikruwayv (m)	فرن الميكروويف
frigorífico (m)	θallāʒa (f)	ثلاجة
congelador (m)	frīzir (m)	فريزير
máquina (f) de lavar louça	ɣassāla (f)	غسّالة
moedor (m) de carne	farrāmat laḥm (f)	فرّامة لحم
espremedor (m)	'aṣṣāra (f)	عصّارة
torradeira (f)	maḥmaṣat χubz (f)	محمصة خبز
batedeira (f)	χallāṭ (m)	خلّاط
máquina (f) de café	mākinat ṣan' al qahwa (f)	ماكينة صنع القهوة
cafeteira (f)	kanaka (f)	كنكة
moinho (m) de café	maṭhanat qahwa (f)	مطحنة قهوة
chaleira (f)	barrād (m)	برّاد
bule (m)	barrād aʃ ʃāy (m)	برّاد الشاي
tampa (f)	ɣiṭā' (m)	غطاء
coador (m) de chá	miṣfāt (f)	مصفاة
colher (f)	mil'aqa (f)	ملعقة
colher (f) de chá	mil'aqat ʃāy (f)	ملعقة شاي
colher (f) de sopa	mil'aqa kabīra (f)	ملعقة كبيرة
garfo (m)	ʃawka (f)	شوكة
faca (f)	sikkīn (m)	سكّين

louça (f)	ṣuḥūn (pl)	صحون
prato (m)	ṭabaq (m)	طبق
pires (m)	ṭabaq finʒān (m)	طبق فنجان
cálice (m)	ka's (f)	كأس
copo (m)	kubbāya (f)	كبّاية
chávena (f)	finʒān (m)	فنجان
açucareiro (m)	sukkariyya (f)	سكّريّة
saleiro (m)	mamlaḥa (f)	مملحة
pimenteiro (m)	mabhara (f)	مبهرة
manteigueira (f)	ṣuḥn zubda (m)	صحن زبدة
panela, caçarola (f)	kassirūlla (f)	كاسرولة
frigideira (f)	ṭāsa (f)	طاسة
concha (f)	miɣrafa (f)	مغرفة
passador (m)	miṣfāt (f)	مصفاة
bandeja (f)	ṣīniyya (f)	صينيّة
garrafa (f)	zuʒāʒa (f)	زجاجة
boião (m) de vidro	barṭamān (m)	برطمان
lata (f)	tanaka (f)	تنكة
abre-garrafas (m)	fattāḥa (f)	فتّاحة
abre-latas (m)	fattāḥa (f)	فتّاحة
saca-rolhas (m)	barrīma (f)	برّيمة
filtro (m)	filtir (m)	فلتر
filtrar (vt)	ṣaffa	صفّى
lixo (m)	zubāla (f)	زبالة
balde (m) do lixo	ṣundūq az zubāla (m)	صندوق الزبالة

72. Casa de banho

quarto (m) de banho	ḥammām (m)	حمّام
água (f)	mā' (m)	ماء
torneira (f)	ḥanafiyya (f)	حنفيّة
água (f) quente	mā' sāxin (m)	ماء ساخن
água (f) fria	mā' bārid (m)	ماء بارد
pasta (f) de dentes	maʒūn asnān (m)	معجون أسنان
escovar os dentes	nazzaf al asnān	نظّف الأسنان
escova (f) de dentes	furʃat asnān (f)	فرشة أسنان
barbear-se (vr)	ḥalaq	حلق
espuma (f) de barbear	raɣwa lil ḥilāqa (f)	رغوة للحلاقة
máquina (f) de barbear	mūs ḥilāqa (m)	موس حلاقة
lavar (vt)	ɣasal	غسل
lavar-se (vr)	istaḥamm	إستحمّ
duche (m)	dūʃ (m)	دوش
tomar um duche	axað ad duʃ	أخذ الدش
banheira (f)	ḥawḍ istiḥmām (m)	حوض استحمام
sanita (f)	mirḥāḍ (m)	مرحاض

lavatório (m)	ḥawḍ (m)	حوض
sabonete (m)	ṣābūn (m)	صابون
saboneteira (f)	ṣabbāna (f)	صبّانة
esponja (f)	līfa (f)	ليفة
champô (m)	ʃāmbū (m)	شامبو
toalha (f)	fūṭa (f)	فوطة
roupão (m) de banho	θawb ḥammām (m)	ثوب حمّام
lavagem (f)	ɣasīl (m)	غسيل
máquina (f) de lavar	ɣassāla (f)	غسّالة
lavar a roupa	ɣasal al malābis	غسل الملابس
detergente (m)	masḥūq ɣasīl (m)	مسحوق غسيل

73. Eletrodomésticos

televisor (m)	tilivizyūn (m)	تليفزيون
gravador (m)	ʒihāz tasʒīl (m)	جهاز تسجيل
videogravador (m)	ʒihāz tasʒīl vidiyu (m)	جهاز تسجيل فيديو
rádio (m)	ʒihāz radiyu (m)	جهاز راديو
leitor (m)	blayir (m)	بلير
projetor (m)	ʿāriḍ vidiyu (m)	عارض فيديو
cinema (m) em casa	sinima manziliyya (f)	سينما منزليّة
leitor (m) de DVD	di vi di (m)	دي في دي
amplificador (m)	mukabbir aṣ ṣawt (m)	مكبّر الصوت
console (f) de jogos	ʾatāri (m)	أتاري
câmara (f) de vídeo	kamira vidiyu (f)	كاميرا فيديو
máquina (f) fotográfica	kamira (f)	كاميرا
câmara (f) digital	kamira diʒital (f)	كاميرا ديجيتال
aspirador (m)	miknasa kahrabāʾiyya (f)	مكنسة كهربائيّة
ferro (m) de engomar	makwāt (f)	مكواة
tábua (f) de engomar	lawḥat kayy (f)	لوحة كيّ
telefone (m)	hātif (m)	هاتف
telemóvel (m)	hātif maḥmūl (m)	هاتف محمول
máquina (f) de escrever	ʾāla katiba (f)	آلة كاتبة
máquina (f) de costura	ʾālat al ẖiyāṭa (f)	آلة الخياطة
microfone (m)	mikrufūn (m)	ميكروفون
auscultadores (m pl)	sammāʿāt raʾsiya (pl)	سمّاعات رأسيّة
controlo remoto (m)	rimuwt kuntrūl (m)	ريموت كنترول
CD (m)	si di (m)	سي دي
cassete (f)	ʃarīṭ (m)	شريط
disco (m) de vinil	usṭuwāna (f)	أسطوانة

A TERRA. TEMPO

74. Espaço sideral

cosmos (m)	fadā' (m)	فضاء
cósmico	fadā'iy	فضائيّ
espaço (m) cósmico	fadā' (m)	فضاء
mundo (m)	'ālam (m)	عالم
universo (m)	al kawn (m)	الكون
galáxia (f)	al maʒarra (f)	المجرّة
estrela (f)	naʒm (m)	نجم
constelação (f)	burʒ (m)	برج
planeta (m)	kawkab (m)	كوكب
satélite (m)	qamar ṣinā'iy (m)	قمر صناعيّ
meteorito (m)	haʒar nayzakiy (m)	حجر نيزكيّ
cometa (m)	muðannab (m)	مذنّب
asteroide (m)	kuwaykib (m)	كويكب
órbita (f)	madār (m)	مدار
girar (vi)	dār	دار
atmosfera (f)	al ɣilāf al ʒawwiy (m)	الغلاف الجوّيّ
Sol (m)	aʃʃams (f)	الشمس
Sistema (m) Solar	al maʒmū'a aʃʃamsiyya (f)	المجموعة الشمسيّة
eclipse (m) solar	kusūf aʃʃams (m)	كسوف الشمس
Terra (f)	al arḍ (f)	الأرض
Lua (f)	al qamar (m)	القمر
Marte (m)	al mirrīχ (m)	المرّيخ
Vénus (f)	az zahra (f)	الزهرة
Júpiter (m)	al muʃtari (m)	المشتري
Saturno (m)	zuhal (m)	زحل
Mercúrio (m)	'aṭārid (m)	عطارد
Urano (m)	urānus (m)	اورانوس
Neptuno (m)	nibtūn (m)	نبتون
Plutão (m)	blūtu (m)	بلوتو
Via Láctea (f)	darb at tabbāna (m)	درب التبّانة
Ursa Maior (f)	ad dubb al akbar (m)	الدبّ الأكبر
Estrela Polar (f)	naʒm al 'quṭb (m)	نجم القطب
marciano (m)	sākin al mirrīχ (m)	ساكن المرّيخ
extraterrestre (m)	fadā'iy (m)	فضائيّ
alienígena (m)	fadā'iy (m)	فضائيّ
disco (m) voador	ṭabaq ṭā'ir (m)	طبق طائر
nave (f) espacial	markaba fadā'iyya (f)	مركبة فضائيّة

| estação (f) orbital | maḥaṭṭat faḍā' (f) | محطّة فضاء |
| lançamento (m) | inṭilāq (m) | إنطلاق |

motor (m)	mutūr (m)	موتور
bocal (m)	manfaθ (m)	منفث
combustível (m)	wuqūd (m)	وقود

cabine (f)	kabīna (f)	كابينة
antena (f)	hawā'iy (m)	هوائيّ
vigia (f)	kuwwa mustadīra (f)	كوّة مستديرة
bateria (f) solar	lawḥ ʃamsiy (m)	لوح شمسيّ
traje (m) espacial	baðlat al faḍā' (f)	بذلة الفضاء

imponderabilidade (f)	in'idām al wazn (m)	إنعدام الوزن
oxigénio (m)	uksiʒīn (m)	أكسجين
acoplagem (f)	rasw (m)	رسو
fazer uma acoplagem	rasa	رسا

observatório (m)	marṣad (m)	مرصد
telescópio (m)	tiliskūp (m)	تلسكوب
observar (vt)	rāqab	راقب
explorar (vt)	istakʃaf	إستكشف

75. A Terra

Terra (f)	al arḍ (f)	الأرض
globo terrestre (Terra)	al kura al arḍiyya (f)	الكرة الأرضيّة
planeta (m)	kawkab (m)	كوكب

atmosfera (f)	al ɣilāf al ʒawwiy (m)	الغلاف الجوّيّ
geografia (f)	ʒuɣrāfiya (f)	جغرافيا
natureza (f)	ṭabī'a (f)	طبيعة

globo (mapa esférico)	namūðaʒ lil kura al arḍiyya (m)	نموذج للكرة الأرضيّة
mapa (m)	χarīṭa (f)	خريطة
atlas (m)	aṭlas (m)	أطلس

Europa (f)	urūbba (f)	أوروبّا
Ásia (f)	'āsiya (f)	آسيا
África (f)	afrīqiya (f)	أفريقيا
Austrália (f)	usturāliya (f)	أستراليا

América (f)	amrīka (f)	أمريكا
América (f) do Norte	amrīka aʃ ʃimāliyya (f)	أمريكا الشماليّة
América (f) do Sul	amrīka al ʒanūbiyya (f)	أمريكا الجنوبيّة
Antártida (f)	al quṭb al ʒanūbiy (m)	القطب الجنوبيّ
Ártico (m)	al quṭb aʃ ʃimāliy (m)	القطب الشماليّ

76. Pontos cardeais

| norte (m) | ʃimāl (m) | شمال |
| para norte | ilaʃ ʃimāl | إلى الشمال |

no norte	fiʃ ʃimāl	في الشمال
do norte	ʃimāliy	شماليّ
sul (m)	ʒanūb (m)	جنوب
para sul	ilal ʒanūb	إلى الجنوب
no sul	fil ʒanūb	في الجنوب
do sul	ʒanūbiy	جنوبي
oeste, ocidente (m)	ɣarb (m)	غرب
para oeste	ilal ɣarb	إلى الغرب
no oeste	fil ɣarb	في الغرب
ocidental	ɣarbiy	غربي
leste, oriente (m)	ʃarq (m)	شرق
para leste	ilaʃ ʃarq	إلى الشرق
no leste	fiʃ ʃarq	في الشرق
oriental	ʃarqiy	شرقيّ

77. Mar. Oceano

mar (m)	baḥr (m)	بحر
oceano (m)	muḥīṭ (m)	محيط
golfo (m)	xalīʒ (m)	خليج
estreito (m)	maḍīq (m)	مضيق
terra (f) firme	barr (m)	برّ
continente (m)	qārra (f)	قارة
ilha (f)	ʒazīra (f)	جزيرة
península (f)	ʃibh ʒazīra (f)	شبه جزيرة
arquipélago (m)	maʒmūʿat ʒuzur (f)	مجموعة جزر
baía (f)	xalīʒ (m)	خليج
porto (m)	mīnā' (m)	ميناء
lagoa (f)	buḥayra ʃāṭi'a (f)	بحيرة شاطئة
cabo (m)	ra's (m)	رأس
atol (m)	ʒazīra marʒāniyya istiwā'iyya (f)	جزيرة مرجانيّة إستوائيّة
recife (m)	ʃiʿāb (pl)	شعاب
coral (m)	murʒān (m)	مرجان
recife (m) de coral	ʃiʿāb marʒāniyya (pl)	شعاب مرجانيّة
profundo	ʿamīq	عميق
profundidade (f)	ʿumq (m)	عمق
abismo (m)	mahwāt (f)	مهواة
fossa (f) oceânica	xandaq (m)	خندق
corrente (f)	tayyār (m)	تيّار
banhar (vt)	aḥāṭ	أحاط
litoral (m)	sāḥil (m)	ساحل
costa (f)	sāḥil (m)	ساحل
maré (f) alta	madd (m)	مدّ
refluxo (m), maré (f) baixa	ʒazr (m)	جزر

restinga (f)	miyāh ḍaḥla (f)	مياه ضحلة
fundo (m)	qā' (m)	قاع
onda (f)	mawʒa (f)	موجة
crista (f) da onda	qimmat mawʒa (f)	قمّة موجة
espuma (f)	zabad al baḥr (m)	زبد البحر
tempestade (f)	'āṣifa (f)	عاصفة
furacão (m)	i'ṣār (m)	إعصار
tsunami (m)	tsunāmi (m)	تسونامي
calmaria (f)	hudū' (m)	هدوء
calmo	hādi'	هادئ
polo (m)	quṭb (m)	قطب
polar	quṭby	قطبيَ
latitude (f)	'arḍ (m)	عرض
longitude (f)	ṭūl (m)	طول
paralela (f)	mutawāzi (m)	متواز
equador (m)	xaṭṭ al istiwā' (m)	خط الإستواء
céu (m)	samā' (f)	سماء
horizonte (m)	ufuq (m)	أفق
ar (m)	hawā' (m)	هواء
farol (m)	manāra (f)	منارة
mergulhar (vi)	ɣāṣ	غاص
afundar-se (vr)	ɣariq	غرق
tesouros (m pl)	kunūz (pl)	كنوز

78. Nomes de Mares e Oceanos

Oceano (m) Atlântico	al muḥīṭ al aṭlasiy (m)	المحيط الأطلسيَ
Oceano (m) Índico	al muḥīṭ al hindiy (m)	المحيط الهنديَ
Oceano (m) Pacífico	al muḥīṭ al hādi' (m)	المحيط الهادئَ
Oceano (m) Ártico	al muḥīṭ il mutaʒammid aʃʃimāliy (m)	المحيط المتجمّد الشماليَ
Mar (m) Negro	al baḥr al aswad (m)	البحر الأسود
Mar (m) Vermelho	al baḥr al aḥmar (m)	البحر الأحمر
Mar (m) Amarelo	al baḥr al aṣfar (m)	البحر الأصفر
Mar (m) Branco	al baḥr al abyaḍ (m)	البحر الأبيض
Mar (m) Cáspio	baḥr qazwīn (m)	بحر قزوين
Mar (m) Morto	al baḥr al mayyit (m)	البحر الميَت
Mar (m) Mediterrâneo	al baḥr al abyaḍ al mutawassiṭ (m)	البحر الأبيض المتوسّط
Mar (m) Egeu	baḥr īʒah (m)	بحر إيجة
Mar (m) Adriático	al baḥr al adriyatīkiy (m)	البحر الأدرياتيكيَ
Mar (m) Arábico	baḥr al 'arab (m)	بحر العرب
Mar (m) do Japão	baḥr al yabān (m)	بحر اليابان
Mar (m) de Bering	baḥr birinʒ (m)	بحر بيرينغ

Mar (m) da China Meridional	bahr aş şīn al ӡanūbiy (m)	بحر الصين الجنوبيّ
Mar (m) de Coral	bahr al marӡān (m)	بحر المرجان
Mar (m) de Tasman	bahr tasmān (m)	بحر تسمان
Mar (m) do Caribe	al bahr al karībiy (m)	البحر الكاريبيّ
Mar (m) de Barents	bahr barints (m)	بحر بارينس
Mar (m) de Kara	bahr kara (m)	بحر كارا
Mar (m) do Norte	bahr aʃ ʃimāl (m)	بحر الشمال
Mar (m) Báltico	al bahr al balṭīq (m)	البحر البلطيق
Mar (m) da Noruega	bahr an narwīӡ (m)	بحر النرويج

79. Montanhas

montanha (f)	ӡabal (m)	جبل
cordilheira (f)	silsilat ӡibāl (f)	سلسلة جبال
serra (f)	qimam ӡabaliyya (pl)	قمم جبليّة
cume (m)	qimma (f)	قمّة
pico (m)	qimma (f)	قمّة
sopé (m)	asfal (m)	أسفل
declive (m)	munhadar (m)	منحدر
vulcão (m)	burkān (m)	بركان
vulcão (m) ativo	burkān naʃiṭ (m)	بركان نشط
vulcão (m) extinto	burkān xāmid (m)	بركان خامد
erupção (f)	θawrān (m)	ثوران
cratera (f)	fūhat al burkān (f)	فوهة البركان
magma (m)	māɣma (f)	ماغما
lava (f)	humam burkāniyya (pl)	حمم بركانيّة
fundido (lava ~a)	munşahira	منصهرة
desfiladeiro (m)	talʿa (m)	تلعة
garganta (f)	wādi dayyiq (m)	واد ضيّق
fenda (f)	ʃaqq (m)	شقّ
precipício (m)	hāwiya (f)	هاوية
passo, colo (m)	mamarr ӡabaliy (m)	ممرّ جبليّ
planalto (m)	hadba (f)	هضبة
falésia (f)	ӡurf (m)	جرف
colina (f)	tall (m)	تلّ
glaciar (m)	nahr ӡalīdiy (m)	نهر جليديّ
queda (f) d'água	ʃallāl (m)	شلّال
géiser (m)	fawwāra hārra (m)	فوّارة حارّة
lago (m)	buhayra (f)	بحيرة
planície (f)	sahl (m)	سهل
paisagem (f)	manzar ṭabīʿiy (m)	منظر طبيعيّ
eco (m)	şada (m)	صدى
alpinista (m)	mutasalliq al ӡibāl (m)	متسلّق الجبال
escalador (m)	mutasalliq şuxūr (m)	متسلّق صخور

| conquistar (vt) | taɣallab 'ala | تغلَّب على |
| subida, escalada (f) | tasalluq (m) | تسلُّق |

80. Nomes de montanhas

Alpes (m pl)	ʒibāl al alb (pl)	جبال الألب
monte Branco (m)	mūn blūn (m)	مون بلون
Pirineus (m pl)	ʒibāl al barānis (pl)	جبال البرانس

Cárpatos (m pl)	ʒibāl al karbāt (pl)	جبال الكاربات
montes (m pl) Urais	ʒibāl al 'ūrāl (pl)	جبال الأورال
Cáucaso (m)	ʒibāl al qawqāz (pl)	جبال القوقاز
Elbrus (m)	ʒabal ilbrūs (m)	جبل إلبروس

Altai (m)	ʒibāl altāy (pl)	جبال ألتاي
Tian Shan (m)	ʒibāl tian ʃan (pl)	جبال تيان شان
Pamir (m)	ʒibāl bamīr (pl)	جبال بامير
Himalaias (m pl)	himalāya (pl)	هيمالايا
monte (m) Everest	ʒabal ivirist (m)	جبل افرست

| Cordilheira (f) dos Andes | ʒibāl al andīz (pl) | جبال الأنديز |
| Kilimanjaro (m) | ʒabal kilimanʒāru (m) | جبل كليمنجارو |

81. Rios

rio (m)	nahr (m)	نهر
fonte, nascente (f)	'ayn (m)	عين
leito (m) do rio	maʒra an nahr (m)	مجرى النهر
bacia (f)	ḥawḍ (m)	حوض
desaguar no ...	ṣabb fi ...	صبّ في...

| afluente (m) | rāfid (m) | رافد |
| margem (do rio) | ḍiffa (f) | ضفّة |

corrente (f)	tayyār (m)	تيّار
rio abaixo	f ittiʒāh maʒra an nahr	في إتجاه مجرى النهر
rio acima	ḍidd at tayyār	ضد التيّار

inundação (f)	ɣamr (m)	غمر
cheia (f)	fayaḍān (m)	فيضان
transbordar (vi)	fāḍ	فاض
inundar (vt)	ɣamar	غمر

| banco (m) de areia | miyāh ḍaḥla (f) | مياه ضحلة |
| rápidos (m pl) | munḥadar an nahr (m) | منحدر النهر |

barragem (f)	sadd (m)	سدّ
canal (m)	qanāt (f)	قناة
reservatório (m) de água	xazzān mā'iy (m)	خزّان مائيّ
eclusa (f)	hawīs (m)	هويس
corpo (m) de água	masṭaḥ mā'iy (m)	مسطح مائيّ
pântano (m)	mustanqa' (m)	مستنقع

tremedal (m)	mustanqa' (m)	مستنقع
remoinho (m)	dawwāma (f)	دوّامة
arroio, regato (m)	ӡadwal mā'iy (m)	جدول مائيّ
potável	aʃʃurb	الشرب
doce (água)	'aðb	عذب
gelo (m)	ӡalīd (m)	جليد
congelar-se (vr)	taӡammad	تجمّد

82. Nomes de rios

rio Sena (m)	nahr as sīn (m)	نهر السين
rio Loire (m)	nahr al lua:r (m)	نهر اللوار
rio Tamisa (m)	nahr at tīmz (m)	نهر التيمز
rio Reno (m)	nahr ar rayn (m)	نهر الراين
rio Danúbio (m)	nahr ad danūb (m)	نهر الدانوب
rio Volga (m)	nahr al vulɣa (m)	نهر الفولغا
rio Don (m)	nahr ad dūn (m)	نهر الدون
rio Lena (m)	nahr līna (m)	نهر لينا
rio Amarelo (m)	an nahr al aṣfar (m)	النهر الأصفر
rio Yangtzé (m)	nahr al yanɣtsi (m)	نهر اليانغتسي
rio Mekong (m)	nahr al mikunɣ (m)	نهر الميكونغ
rio Ganges (m)	nahr al ɣānӡ (m)	نهر الغانج
rio Nilo (m)	nahr an nīl (m)	نهر النيل
rio Congo (m)	nahr al kunɣu (m)	نهر الكونغو
rio Cubango (m)	nahr ukavanӡu (m)	نهر اوكافانجو
rio Zambeze (m)	nahr az zambizi (m)	نهر الزمبيزي
rio Limpopo (m)	nahr limbubu (m)	نهر ليمبوبو
rio Mississípi (m)	nahr al mississibbi (m)	نهر الميسيسيبي

83. Floresta

floresta (f), bosque (m)	ɣāba (f)	غابة
florestal	ɣāba	غابة
mata (f) cerrada	ɣāba kaθīfa (f)	غابة كثيفة
arvoredo (m)	ɣāba ṣaɣīra (f)	غابة صغيرة
clareira (f)	minṭaqa uzīlat minha al aʃӡār (f)	منطقة أزيلت منها الأشجار
matagal (m)	aӡama (f)	أجمة
mato (m)	ʃuӡayrāt (pl)	شجيرات
vereda (f)	mamarr (m)	ممرّ
ravina (f)	wādi ḍayyiq (m)	واد ضيّق
árvore (f)	ʃaӡara (f)	شجرة
folha (f)	waraqa (f)	ورقة

folhagem (f)	waraq (m)	ورق
queda (f) das folhas	tasāquṭ al awrāq (m)	تساقط الأوراق
cair (vi)	saqaṭ	سقط
topo (m)	ra's (m)	رأس

ramo (m)	ɣuṣn (m)	غصن
galho (m)	ɣuṣn (m)	غصن
botão, rebento (m)	burʿum (m)	برعم
agulha (f)	ʃawka (f)	شوكة
pinha (f)	kūz aṣ ṣanawbar (m)	كوز الصنوبر

buraco (m) de árvore	ʒawf (m)	جوف
ninho (m)	ʿuʃʃ (m)	عشّ
toca (f)	ʒuḥr (m)	جحر

tronco (m)	ʒiðʿ (m)	جذع
raiz (f)	ʒiðr (m)	جذر
casca (f) de árvore	liḥā' (m)	لحاء
musgo (m)	ṭuḥlub (m)	طحلب

arrancar pela raiz	iqtalaʿ	إقتلع
cortar (vt)	qaṭaʿ	قطع
desflorestar (vt)	azāl al ɣābāt	أزال الغابات
toco, cepo (m)	ʒiðʿ aʃ ʃaʒara (m)	جذع الشجرة

fogueira (f)	nār muχayyam (m)	نار مخيّم
incêndio (m) florestal	ḥarīq ɣāba (m)	حريق غابة
apagar (vt)	aṭfa'	أطفأ

guarda-florestal (m)	ḥāris al ɣāba (m)	حارس الغابة
proteção (f)	ḥimāya (f)	حماية
proteger (a natureza)	ḥama	حمى
caçador (m) furtivo	sāriq aṣ ṣayd (m)	سارق الصيد
armadilha (f)	maṣyada (f)	مصيدة

| colher (cogumelos, bagas) | ʒamaʿ | جمع |
| perder-se (vr) | tāh | تاه |

84. Recursos naturais

recursos (m pl) naturais	θarawāt ṭabīʿiyya (pl)	ثروات طبيعيّة
minerais (m pl)	maʿādin (pl)	معادن
depósitos (m pl)	makāmin (pl)	مكامن
jazida (f)	ḥaql (m)	حقل

extrair (vt)	istaχraʒ	إستخرج
extração (f)	istiχrāʒ (m)	إستخراج
minério (m)	χām (m)	خام
mina (f)	manʒam (m)	منجم
poço (m) de mina	manʒam (m)	منجم
mineiro (m)	ʿāmil manʒam (m)	عامل منجم

| gás (m) | ɣāz (m) | غاز |
| gasoduto (m) | χaṭṭ anābīb ɣāz (m) | خط أنابيب غاز |

petróleo (m)	naft (m)	نفط
oleoduto (m)	anābīb an naft (pl)	أنابيب النفط
poço (m) de petróleo	biʾr an naft (m)	بئر النفط
torre (f) petrolífera	ḥaffāra (f)	حفّارة
petroleiro (m)	nāqilat an naft (f)	ناقلة النفط
areia (f)	raml (m)	رمل
calcário (m)	ḥaʒar kalsiy (m)	حجر كلسيّ
cascalho (m)	ḥaṣa (m)	حصى
turfa (f)	χaθθ faḥm nabātiy (m)	خثّ فحم نباتيّ
argila (f)	ṭīn (m)	طين
carvão (m)	faḥm (m)	فحم
ferro (m)	ḥadīd (m)	حديد
ouro (m)	ðahab (m)	ذهب
prata (f)	fiḍḍa (f)	فضّة
níquel (m)	nikil (m)	نيكل
cobre (m)	nuḥās (m)	نحاس
zinco (m)	zink (m)	زنك
manganês (m)	manɣanīz (m)	منغنيز
mercúrio (m)	ziʾbaq (m)	زئبق
chumbo (m)	ruṣāṣ (m)	رصاص
mineral (m)	maʿdan (m)	معدن
cristal (m)	ballūra (f)	بلّورة
mármore (m)	ruχām (m)	رخام
urânio (m)	yurānuim (m)	يورانيوم

85. Tempo

tempo (m)	ṭaqs (m)	طقس
previsão (f) do tempo	naʃra ʒawwiyya (f)	نشرة جوّيّة
temperatura (f)	ḥarāra (f)	حرارة
termómetro (m)	tirmūmitr (m)	ترمومتر
barómetro (m)	barūmitr (m)	بارومتر
húmido	raṭib	رطب
humidade (f)	ruṭūba (f)	رطوبة
calor (m)	ḥarāra (f)	حرارة
cálido	ḥārr	حارّ
está muito calor	al ʒaww ḥārr	الجوّ حارّ
está calor	al ʒaww dāfiʾ	الجوّ دافئ
quente	dāfiʾ	دافئ
está frio	al ʒaww bārid	الجوّ بارد
frio	bārid	بارد
sol (m)	ʃams (f)	شمس
brilhar (vi)	aḍāʾ	أضاء
de sol, ensolarado	muʃmis	مشمس
nascer (vi)	ʃaraq	شرق
pôr-se (vr)	ɣarab	غرب

nuvem (f)	saḥāba (f)	سحابة
nublado	ɣā'im	غائم
nuvem (f) preta	saḥābat maṭar (f)	سحابة مطر
escuro, cinzento	ɣā'im	غائم
chuva (f)	maṭar (m)	مطر
está a chover	innaha tamṭur	إنها تمطر
chuvoso	mumṭir	ممطر
chuviscar (vi)	raðð	رذّ
chuva (f) torrencial	maṭar munhamir (f)	مطر منهمر
chuvada (f)	maṭar ɣazīr (m)	مطر غزير
forte (chuva)	ʃadīd	شديد
poça (f)	birka (f)	بركة
molhar-se (vr)	ibtall	إبتلّ
nevoeiro (m)	ḍabāb (m)	ضباب
de nevoeiro	muḍabbab	مضبّب
neve (f)	θalʒ (m)	ثلج
está a nevar	innaha taθluʒ	إنها تثلج

86. Tempo extremo. Catástrofes naturais

trovoada (f)	'āṣifa ra'diyya (f)	عاصفة رعديّة
relâmpago (m)	barq (m)	برق
relampejar (vi)	baraq	برق
trovão (m)	ra'd (m)	رعد
trovejar (vi)	ra'ad	رعد
está a trovejar	tar'ad as samā'	ترعد السماء
granizo (m)	maṭar bard (m)	مطر برد
está a cair granizo	tamṭur as samā' bardan	تمطر السماء برداً
inundar (vt)	ɣamar	غمر
inundação (f)	fayaḍān (m)	فيضان
terremoto (m)	zilzāl (m)	زلزال
abalo, tremor (m)	hazza arḍiyya (f)	هزّة أرضيّة
epicentro (m)	markaz az zilzāl (m)	مركز الزلزال
erupção (f)	θawrān (m)	ثوران
lava (f)	ḥumam burkāniyya (pl)	حمم بركانيّة
turbilhão, tornado (m)	i'ṣār (m)	إعصار
tufão (m)	ṭūfān (m)	طوفان
furacão (m)	i'ṣār (m)	إعصار
tempestade (f)	'āṣifa (f)	عاصفة
tsunami (m)	tsunāmi (m)	تسونامي
ciclone (m)	i'ṣār (m)	إعصار
mau tempo (m)	ṭaqs sayyi' (m)	طقس سيّء
incêndio (m)	ḥarīq (m)	حريق

catástrofe (f)	kāriθa (f)	كارثة
meteorito (m)	ḥaӡar nayzakiy (m)	حجر نيزكيّ
avalanche (f)	inhiyār θalӡiy (m)	إنهيار ثلجيّ
deslizamento (m) de neve	inhiyār θalӡiy (m)	إنهيار ثلجيّ
nevasca (f)	'āṣifa θalӡiyya (f)	عاصفة ثلجيّة
tempestade (f) de neve	'āṣifa θalӡiyya (f)	عاصفة ثلجيّة

FAUNA

87. Mamíferos. Predadores

Português	Transliteração	Árabe
predador (m)	ḥayawān muftaris (m)	حيوان مفترس
tigre (m)	namir (m)	نمر
leão (m)	asad (m)	أسد
lobo (m)	ði'b (m)	ذئب
raposa (f)	θa'lab (m)	ثعلب
jaguar (m)	namir amrīkiy (m)	نمر أمريكيّ
leopardo (m)	fahd (m)	فهد
chita (f)	namir ṣayyād (m)	نمر صيّاد
pantera (f)	namir aswad (m)	نمر أسود
puma (m)	būma (m)	بوما
leopardo-das-neves (m)	namir aθ θulūʒ (m)	نمر الثلوج
lince (m)	waʃaq (m)	وشق
coiote (m)	qayūṭ (m)	قيوط
chacal (m)	ibn 'āwa (m)	ابن آوى
hiena (f)	ḍabu' (m)	ضبع

88. Animais selvagens

Português	Transliteração	Árabe
animal (m)	ḥayawān (m)	حيوان
besta (f)	ḥayawān (m)	حيوان
esquilo (m)	sinʒāb (m)	سنجاب
ouriço (m)	qumfuð (m)	قنفذ
lebre (f)	arnab barriy (m)	أرنب برّيّ
coelho (m)	arnab (m)	أرنب
texugo (m)	ɣarīr (m)	غرير
guaxinim (m)	rākūn (m)	راكون
hamster (m)	qidād (m)	قداد
marmota (f)	marmuṭ (m)	مرموط
toupeira (f)	χuld (m)	خلد
rato (m)	fa'r (m)	فأر
ratazana (f)	ʒurað (m)	جرذ
morcego (m)	χuffāʃ (m)	خفّاش
arminho (m)	qāqum (m)	قاقم
zibelina (f)	sammūr (m)	سمّور
marta (f)	dalaq (m)	دلق
doninha (f)	ibn 'irs (m)	إبن عرس
vison (m)	mink (m)	منك

| castor (m) | qundus (m) | قندس |
| lontra (f) | quḍā'a (f) | قضاعة |

cavalo (m)	ḥiṣān (m)	حصان
alce (m)	mūz (m)	موظ
veado (m)	ayyil (m)	أيّل
camelo (m)	ʒamal (m)	جمل

bisão (m)	bisūn (m)	بيسون
auroque (m)	θawr barriy (m)	ثور بريّ
búfalo (m)	ʒāmūs (m)	جاموس

zebra (f)	ḥimār zarad (m)	حمار زرد
antílope (m)	ẓabiy (m)	ظبي
corça (f)	yaḥmūr (m)	يحمور
gamo (m)	ayyil asmar urubbiy (m)	أيّل أسمر أوروبيّ
camurça (f)	ʃamwāh (f)	شاموه
javali (m)	xinzīr barriy (m)	خنزير بريّ

baleia (f)	ḥūt (m)	حوت
foca (f)	fuqma (f)	فقمة
morsa (f)	faẓẓ (m)	فظّ
urso-marinho (m)	fuqmat al firā' (f)	فقمة الفراء
golfinho (m)	dilfīn (m)	دلفين

urso (m)	dubb (m)	دبّ
urso (m) branco	dubb quṭbiy (m)	دبّ قطبيّ
panda (m)	bānda (m)	باندا

macaco (em geral)	qird (m)	قرد
chimpanzé (m)	ʃimbanzi (m)	شيمبانزي
orangotango (m)	urangutān (m)	أورنغوتان
gorila (m)	ɣurīlla (f)	غوريلا
macaco (m)	qird al makāk (m)	قرد المكاك
gibão (m)	ʒibbūn (m)	جيبون

elefante (m)	fīl (m)	فيل
rinoceronte (m)	xartīt (m)	خرتيت
girafa (f)	zarāfa (f)	زرافة
hipopótamo (m)	faras an nahr (m)	فرس النهر

| canguru (m) | kanɣar (m) | كنغر |
| coala (m) | kuala (m) | كوالا |

mangusto (m)	nims (m)	نمس
chinchila (f)	ʃinʃīla (f)	شنشيلة
doninha-fedorenta (f)	ẓaribān (m)	ظربان
porco-espinho (m)	nīṣ (m)	نيص

89. Animais domésticos

gata (f)	qiṭṭa (f)	قطّة
gato (m) macho	ðakar al qiṭṭ (m)	ذكر القطّ
cão (m)	kalb (m)	كلب

cavalo (m)	ḥiṣān (m)	حصان
garanhão (m)	faḥl al χayl (m)	فحل الخيل
égua (f)	unθa al faras (f)	أنثى الفرس
vaca (f)	baqara (f)	بقرة
touro (m)	θawr (m)	ثور
boi (m)	θawr (m)	ثور
ovelha (f)	χarūf (f)	خروف
carneiro (m)	kabʃ (m)	كبش
cabra (f)	mā'iz (m)	ماعز
bode (m)	ðakar al mā'ið (m)	ذكر الماعز
burro (m)	ḥimār (m)	حمار
mula (f)	baγl (m)	بغل
porco (m)	χinzīr (m)	خنزير
leitão (m)	χannūṣ (m)	خنوص
coelho (m)	arnab (m)	أرنب
galinha (f)	daʒāʒa (f)	دجاجة
galo (m)	dīk (m)	ديك
pata (f)	baṭṭa (f)	بطة
pato (macho)	ðakar al baṭṭ (m)	ذكر البط
ganso (m)	iwazza (f)	إوزة
peru (m)	dīk rūmiy (m)	ديك رومي
perua (f)	daʒāʒ rūmiy (m)	دجاج رومي
animais (m pl) domésticos	ḥayawānāt dawāʒin (pl)	حيوانات دواجن
domesticado	alīf	أليف
domesticar (vt)	allaf	ألف
criar (vt)	rabba	ربى
quinta (f)	mazra'a (f)	مزرعة
aves (f pl) domésticas	ṭuyūr dāʒina (pl)	طيور داجنة
gado (m)	māʃiya (f)	ماشية
rebanho (m), manada (f)	qaṭī' (m)	قطيع
estábulo (m)	isṭabl χayl (m)	إسطبل خيل
pocilga (f)	ḥaẓīrat al χanāzīr (f)	حظيرة الخنازير
estábulo (m)	zirībat al baqar (f)	زريبة البقر
coelheira (f)	qunn al arānib (m)	قن الأرانب
galinheiro (m)	qunn ad daʒāʒ (m)	قن الدجاج

90. Pássaros

pássaro (m), ave (f)	ṭā'ir (m)	طائر
pombo (m)	ḥamāma (f)	حمامة
pardal (m)	'uṣfūr (m)	عصفور
chapim-real (m)	qurquf (m)	قرقف
pega-rabuda (f)	'aq'aq (m)	عقعق
corvo (m)	γurāb aswad (m)	غراب أسود

gralha (f) cinzenta	ɣurāb (m)	غراب
gralha-de-nuca-cinzenta (f)	zāɣ (m)	زاغ
gralha-calva (f)	ɣurāb al qayẓ (m)	غراب القيظ
pato (m)	baṭṭa (f)	بطّة
ganso (m)	iwazza (f)	إوزّة
faisão (m)	tadarruʒ (m)	تدرج
águia (f)	nasr (m)	نسر
açor (m)	bāz (m)	باز
falcão (m)	ṣaqr (m)	صقر
abutre (m)	raɣam (m)	رخم
condor (m)	kundūr (m)	كندور
cisne (m)	timma (m)	تمّة
grou (m)	kurkiy (m)	كركي
cegonha (f)	laqlaq (m)	لقلق
papagaio (m)	babaɣā' (m)	ببغاء
beija-flor (m)	ṭannān (m)	طنّان
pavão (m)	ṭāwūs (m)	طاووس
avestruz (m)	naʿāma (f)	نعامة
garça (f)	balaʃūn (m)	بلشون
flamingo (m)	nuḥām wardiy (m)	نحام وردي
pelicano (m)	baʒaʿa (f)	بجعة
rouxinol (m)	bulbul (m)	بلبل
andorinha (f)	sunūnū (m)	سنونو
tordo-zornal (m)	sumna (m)	سمنة
tordo-músico (m)	summuna muɣarrida (m)	سمنة مغرّدة
melro-preto (m)	ʃaḥrūr aswad (m)	شحرور أسود
andorinhão (m)	samāma (m)	سمامة
cotovia (f)	qubbara (f)	قبّرة
codorna (f)	sammān (m)	سمّان
pica-pau (m)	naqqār al ɣaʃab (m)	نقّار الخشب
cuco (m)	waqwāq (m)	وقواق
coruja (f)	būma (f)	بومة
corujão, bufo (m)	būm urāsiy (m)	بوم أوراسي
tetraz-grande (m)	dīk il ɣalanʒ (m)	ديك الخلنج
tetraz-lira (m)	ṭayhūʒ aswad (m)	طيهوج أسود
perdiz-cinzenta (f)	ḥaʒal (m)	حجل
estorninho (m)	zurzūr (m)	زرزور
canário (m)	kanāriy (m)	كناري
galinha-do-mato (f)	ṭayhūʒ il bunduq (m)	طيهوج البندق
tentilhão (m)	ʃurʃūr (m)	شرشور
dom-fafe (m)	diɣnāʃ (m)	دغناش
gaivota (f)	nawras (m)	نورس
albatroz (m)	al qaṭras (m)	القطرس
pinguim (m)	biṭrīq (m)	بطريق

91. Peixes. Animais marinhos

brema (f)	abramīs (m)	أبراميس
carpa (f)	ʃabbūṭ (m)	شبّوط
perca (f)	farχ (m)	فرخ
siluro (m)	qarmūṭ (m)	قرموط
lúcio (m)	samak al karāki (m)	سمك الكراكي
salmão (m)	salmūn (m)	سلمون
esturjão (m)	ḥaffʃ (m)	حفش
arenque (m)	rinʒa (f)	رنجة
salmão (m)	salmūn aṭlasiy (m)	سلمون أطلسيّ
cavala, sarda (f)	usqumriy (m)	أسقمريّ
solha (f)	samak mufalṭaḥ (f)	سمك مفلطح
lúcio perca (m)	samak sandar (m)	سمك سندر
bacalhau (m)	qudd (m)	قدّ
atum (m)	tūna (f)	تونة
truta (f)	salmūn muraqqaṭ (m)	سلمون مرقّط
enguia (f)	ḥankalīs (m)	حنكليس
raia elétrica (f)	ra''ād (m)	رعّاد
moreia (f)	murāy (m)	موراي
piranha (f)	birāna (f)	بيرانا
tubarão (m)	qirʃ (m)	قرش
golfinho (m)	dilfīn (m)	دلفين
baleia (f)	ḥūt (m)	حوت
caranguejo (m)	salṭa'ūn (m)	سلطعون
medusa, alforreca (f)	qindīl al baḥr (m)	قنديل البحر
polvo (m)	uχṭubūṭ (m)	أخطبوط
estrela-do-mar (f)	naʒmat al baḥr (f)	نجمة البحر
ouriço-do-mar (m)	qumfuð al baḥr (m)	قنفذ البحر
cavalo-marinho (m)	ḥiṣān al baḥr (m)	فرس البحر
ostra (f)	maḥār (m)	محار
camarão (m)	ʒambari (m)	جمبريّ
lavagante (m)	istakūza (f)	إستكوزا
lagosta (f)	karkand ʃāik (m)	كركند شائك

92. Amfíbios. Répteis

serpente, cobra (f)	θu'bān (m)	ثعبان
venenoso	sāmm	سامّ
víbora (f)	af'a (f)	أفعى
cobra-capelo, naja (f)	kūbra (m)	كوبرا
pitão (m)	biθūn (m)	بيثون
jiboia (f)	buwā' (f)	بواء
cobra-de-água (f)	θu'bān al 'uʃb (m)	ثعبان العشب

cascavel (f)	af'a al ʒalʒala (f)	أفعى الجلجلة
anaconda (f)	anakūnda (f)	أناكوندا
lagarto (m)	siḥliyya (f)	سحليّة
iguana (f)	iɣwāna (f)	إغوانة
varano (m)	waral (m)	ورل
salamandra (f)	samandar (m)	سمندر
camaleão (m)	ḥirbā' (f)	حرباء
escorpião (m)	'aqrab (m)	عقرب
tartaruga (f)	sulaḥfāt (f)	سلحفاة
rã (f)	ḍifḍa' (m)	ضفدع
sapo (m)	ḍifḍa' aṭ ṭīn (m)	ضفدع الطين
crocodilo (m)	timsāḥ (m)	تمساح

93. Insetos

inseto (m)	ḥaʃara (f)	حشرة
borboleta (f)	farāʃa (f)	فراشة
formiga (f)	namla (f)	نملة
mosca (f)	ðubāba (f)	ذبابة
mosquito (m)	namūsa (f)	ناموسة
escaravelho (m)	χunfusa (f)	خنفسة
vespa (f)	dabbūr (m)	دبّور
abelha (f)	naḥla (f)	نحلة
mamangava (f)	naḥla ṭannāna (f)	نحلة طنّانة
moscardo (m)	na'ra (f)	نعرة
aranha (f)	'ankabūt (m)	عنكبوت
teia (f) de aranha	nasīʒ 'ankabūt (m)	نسيج عنكبوت
libélula (f)	ya'sūb (m)	يعسوب
gafanhoto-do-campo (m)	ʒarād (m)	جراد
traça (f)	'itta (f)	عتّة
barata (f)	ṣurṣūr (m)	صرصور
carraça (f)	qurāda (f)	قرادة
pulga (f)	burɣūθ (m)	برغوث
borrachudo (m)	ba'ūḍa (f)	بعوضة
gafanhoto (m)	ʒarād (m)	جراد
caracol (m)	ḥalzūn (m)	حلزون
grilo (m)	ṣarrār al layl (m)	صرّار الليل
pirilampo (m)	yarā'a muḍī'a (f)	يراعة مضيئة
joaninha (f)	da'sūqa (f)	دعسوقة
besouro (m)	χunfusa kabīra (f)	خنفسة كبيرة
sanguessuga (f)	'alaqa (f)	علقة
lagarta (f)	yasrū' (m)	يسروع
minhoca (f)	dūda (f)	دودة
larva (f)	yaraqa (f)	يرقة

FLORA

94. Árvores

árvore (f)	ʃaʒara (f)	شجرة
decídua	nafḍiyya	نفضيّة
conífera	ṣanawbariyya	صنوبريّة
perene	dā'imat al χuḍra	دائمة الخضرة
macieira (f)	ʃaʒarat tuffāḥ (f)	شجرة تفّاح
pereira (f)	ʃaʒarat kummaθra (f)	شجرة كمّثرى
cerejeira, ginjeira (f)	ʃaʒarat karaz (f)	شجرة كرز
ameixeira (f)	ʃaʒarat barqūq (f)	شجرة برقوق
bétula (f)	batūla (f)	بتولا
carvalho (m)	ballūṭ (f)	بلّوط
tília (f)	ʃaʒarat zayzafūn (f)	شجرة زيزفون
choupo-tremedor (m)	ḥawr raʒrāʒ (m)	حور رجراج
bordo (m)	qayqab (f)	قيقب
espruce-europeu (m)	ratinaʒ (f)	راتينج
pinheiro (m)	ṣanawbar (m)	صنوبر
alerce, lariço (m)	arziyya (f)	أرزيّة
abeto (m)	tannūb (f)	تنّوب
cedro (m)	arz (f)	أرز
choupo, álamo (m)	ḥawr (f)	حور
tramazeira (f)	γubayrā' (f)	غبيراء
salgueiro (m)	ṣafṣāf (f)	صفصاف
amieiro (m)	ʒār il mā' (m)	جار الماء
faia (f)	zān (m)	زان
ulmeiro (m)	dardār (f)	دردار
freixo (m)	marān (f)	مران
castanheiro (m)	kastanā' (f)	كستناء
magnólia (f)	maγnūliya (f)	مغنوليا
palmeira (f)	naχla (f)	نخلة
cipreste (m)	sarw (f)	سرو
mangue (m)	ayka sāḥiliyya (f)	أيكة ساحليّة
embondeiro, baobá (m)	bāubāb (f)	باوباب
eucalipto (m)	ukaliptus (f)	أوكاليبتوس
sequoia (f)	siqūya (f)	سيكويا

95. Arbustos

arbusto (m)	ʃuʒayra (f)	شجيرة
arbusto (m), moita (f)	ʃuʒayrāt (pl)	شجيرات

| videira (f) | karma (f) | كرمة |
| vinhedo (m) | karam (m) | كرم |

framboeseira (f)	tūt al ʻullayq al aḥmar (m)	توت العليق الأحمر
groselheira-vermelha (f)	kiʃmiʃ aḥmar (m)	كشمش أحمر
groselheira (f) espinhosa	ʻinab aθ θaʻlab (m)	عنب الثعلب

acácia (f)	sanṭ (f)	سنط
bérberis (f)	amīr barīs (m)	أمير باريس
jasmim (m)	yāsmīn (m)	ياسمين

junípero (m)	ʻarʻar (m)	عرعر
roseira (f)	ʃuʒayrat ward (f)	شجيرة ورد
roseira (f) brava	ward ʒabaliy (m)	ورد جبليّ

96. Frutos. Bagas

fruta (f)	θamra (f)	ثمرة
frutas (f pl)	θamr (m)	ثمر
maçã (f)	tuffāḥa (f)	تفّاحة

| pera (f) | kummaθra (f) | كمّثرى |
| ameixa (f) | barqūq (m) | برقوق |

morango (m)	farawla (f)	فراولة
ginja, cereja (f)	karaz (m)	كرز
uva (f)	ʻinab (m)	عنب

framboesa (f)	tūt al ʻullayq al aḥmar (m)	توت العليق الأحمر
groselha (f) preta	ʻinab aθ θaʻlab al aswad (m)	عنب الثعلب الأسود
groselha (f) vermelha	kiʃmiʃ aḥmar (m)	كشمش أحمر

| groselha (f) espinhosa | ʻinab aθ θaʻlab (m) | عنب الثعلب |
| oxicoco (m) | tūt aḥmar barriy (m) | توت أحمر برّيّ |

laranja (f)	burtuqāl (m)	برتقال
tangerina (f)	yūsufiy (m)	يوسفي
ananás (m)	ananās (m)	أناناس

| banana (f) | mawz (m) | موز |
| tâmara (f) | tamr (m) | تمر |

limão (m)	laymūn (m)	ليمون
damasco (m)	miʃmiʃ (f)	مشمش
pêssego (m)	durrāq (m)	دراق

| kiwi (m) | kiwi (m) | كيوي |
| toranja (f) | zinbāʻ (m) | زنباع |

baga (f)	ḥabba (f)	حبّة
bagas (f pl)	ḥabbāt (pl)	حبّات
arando (m) vermelho	ʻinab aθ θawr (m)	عنب الثور
morango-silvestre (m)	farāwla barriyya (f)	فراولة برّيّة
mirtilo (m)	ʻinab al aḥrāʒ (m)	عنب الأحراج

97. Flores. Plantas

flor (f)	zahra (f)	زهرة
ramo (m) de flores	bāqat zuhūr (f)	باقة زهور
rosa (f)	warda (f)	وردة
tulipa (f)	tulīb (f)	توليب
cravo (m)	qurumful (m)	قرنفل
gladíolo (m)	dalbūθ (f)	دلبوث
centáurea (f)	turunʃāh (m)	ترنشاه
campânula (f)	ʒarīs (m)	جريس
dente-de-leão (m)	hindibā' (f)	هندباء
camomila (f)	babunʒ (m)	بابونج
aloé (m)	aluwwa (m)	ألوّة
cato (m)	ṣabbār (m)	صبّار
fícus (m)	tīn (m)	تين
lírio (m)	sawsan (m)	سوسن
gerânio (m)	ibrat ar rā'i (f)	إبرة الراعي
jacinto (m)	zanbaq (f)	زنبق
mimosa (f)	mimūza (f)	ميموزا
narciso (m)	narʒis (f)	نرجس
capuchinha (f)	abu xanʒar (f)	أبو خنجر
orquídea (f)	saḥlab (f)	سحلب
peónia (f)	fawniya (f)	فاوانيا
violeta (f)	banafsaʒ (f)	بنفسج
amor-perfeito (m)	banafsaʒ muθallaθ (m)	بنفسج مثلّث
não-me-esqueças (m)	'āðān al fa'r (pl)	آذان الفأر
margarida (f)	uqḥuwān (f)	أقحوان
papoula (f)	xaʃxāʃ (f)	خشخاش
cânhamo (m)	qinnab (m)	قنب
hortelã (f)	na'nā' (m)	نعناع
lírio-do-vale (m)	sawsan al wādi (m)	سوسن الوادي
campânula-branca (f)	zahrat al laban (f)	زهرة اللبن
urtiga (f)	qarrāṣ (m)	قرّاص
azeda (f)	ḥammāḍ (m)	حمّاض
nenúfar (m)	nilūfar (m)	نيلوفر
feto (m), samambaia (f)	saraxs (m)	سرخس
líquen (m)	uʃna (f)	أشنة
estufa (f)	daffa (f)	دفيئة
relvado (m)	'uʃb (m)	عشب
canteiro (m) de flores	ʒunaynat zuhūr (f)	جنينة زهور
planta (f)	nabāt (m)	نبات
erva (f)	'uʃb (m)	عشب
folha (f) de erva	'uʃba (f)	عشبة

folha (f)	waraqa (f)	ورقة
pétala (f)	waraqat az zahra (f)	ورقة الزهرة
talo (m)	sāq (f)	ساق
tubérculo (m)	darnat nabāt (f)	درنة نبات
broto, rebento (m)	nabta sayīra (f)	نبتة صغيرة
espinho (m)	ʃawka (f)	شوكة
florescer (vi)	nawwar	نوّر
murchar (vi)	ðabal	ذبل
cheiro (m)	rā'iḥa (f)	رائحة
cortar (flores)	qaṭaʿ	قطع
colher (uma flor)	qaṭaf	قطف

98. Cereais, grãos

grão (m)	ḥubūb (pl)	حبوب
cereais (plantas)	maḥāṣīl al ḥubūb (pl)	محاصيل الحبوب
espiga (f)	sumbula (f)	سنبلة
trigo (m)	qamḥ (m)	قمح
centeio (m)	ʒāwdār (m)	جاودار
aveia (f)	ʃūfān (m)	شوفان
milho-miúdo (m)	duxn (m)	دخن
cevada (f)	ʃaʿīr (m)	شعير
milho (m)	ðura (f)	ذرّة
arroz (m)	urz (m)	أرز
trigo-sarraceno (m)	ḥinṭa sawdā' (f)	حنطة سوداء
ervilha (f)	bisilla (f)	بسلة
feijão (m)	faṣūliya (f)	فاصوليا
soja (f)	fūl aṣ ṣūya (m)	فول الصويا
lentilha (f)	ʿadas (m)	عدس
fava (f)	fūl (m)	فول

PAÍSES DO MUNDO

99. Países. Parte 1

Afeganistão (m)	afɣanistān (f)	أفغانستان
África do Sul (f)	ʒumhūriyyat afrīqiya al ʒanūbiyya (f)	جمهريّة أفريقيا الجنوبيّة
Albânia (f)	albāniya (f)	ألبانيا
Alemanha (f)	almāniya (f)	ألمانيا
Arábia (f) Saudita	as saʿūdiyya (f)	السعوديّة
Argentina (f)	arʒantīn (f)	الأرجنتين
Arménia (f)	armīniya (f)	أرمينيا
Austrália (f)	usturāliya (f)	أستراليا
Áustria (f)	an nimsa (f)	النمسا
Azerbaijão (m)	aðarbiʒān (m)	أذربيجان
Bahamas (f pl)	ʒuzur bahāmas (pl)	جزر باهاماس
Bangladesh (m)	banʒladīʃ (f)	بنجلاديش
Bélgica (f)	balʒīka (f)	بلجيكا
Bielorrússia (f)	bilarūs (f)	بيلاروس
Bolívia (f)	bulīviya (f)	بوليفيا
Bósnia e Herzegovina (f)	al busna wal hirsuk (f)	البوسنة والهرسك
Brasil (m)	al brazīl (f)	البرازيل
Bulgária (f)	bulɣāriya (f)	بلغاريا
Camboja (f)	kambūdya (f)	كمبوديا
Canadá (m)	kanada (f)	كندا
Cazaquistão (m)	kazaχstān (f)	كازاخستان
Chile (m)	tʃīli (f)	تشيلي
China (f)	aṣ ṣīn (f)	الصين
Chipre (m)	qubruṣ (f)	قبرص
Colômbia (f)	kulumbiya (f)	كولومبيا
Coreia do Norte (f)	kūria aʃ ʃimāliyya (f)	كوريا الشماليّة
Coreia do Sul (f)	kuriya al ʒanūbiyya (f)	كوريا الجنوبيّة
Croácia (f)	kruātiya (f)	كرواتيا
Cuba (f)	kūba (f)	كوبا
Dinamarca (f)	ad danimārk (f)	الدانمارك
Egito (m)	miṣr (f)	مصر
Emirados Árabes Unidos	al imārāt al ʿarabiyya al muttaḥida (pl)	الإمارات العربيّة المتّحدة
Equador (m)	al iqwadūr (f)	الإكوادور
Escócia (f)	iskutlanda (f)	اسكتلندا
Eslováquia (f)	sluvākiya (f)	سلوفاكيا
Eslovénia (f)	sluvīniya (f)	سلوفينيا
Espanha (f)	isbāniya (f)	إسبانيا
Estados Unidos da América	al wilāyāt al muttaḥida al amrīkiyya (pl)	الولايات المتّحدة الأمريكيّة

Estónia (f)	istūniya (f)	إستونيا
Finlândia (f)	finlanda (f)	فنلندا
França (f)	faransa (f)	فرنسا

100. Países. Parte 2

Gana (f)	ɣāna (f)	غانا
Geórgia (f)	ʒūrʒiya (f)	جورجيا
Grã-Bretanha (f)	briṭāniya al 'uẓma (f)	بريطانيا العظمى
Grécia (f)	al yūnān (f)	اليونان
Haiti (m)	haīti (f)	هايتي
Hungria (f)	al maʒar (f)	المجر
Índia (f)	al hind (f)	الهند

Indonésia (f)	indunīsiya (f)	إندونيسيا
Inglaterra (f)	inʒiltirra (f)	إنجلترا
Irão (m)	'īrān (f)	إيران
Iraque (m)	al 'irāq (m)	العراق
Irlanda (f)	irlanda (f)	أيرلندا
Islândia (f)	'āyslanda (f)	آيسلندا
Israel (m)	isrā'īl (f)	إسرائيل

Itália (f)	iṭāliya (f)	إيطاليا
Jamaica (f)	ʒamāyka (f)	جامايكا
Japão (m)	al yabān (f)	اليابان
Jordânia (f)	al urdun (m)	الأردن
Kuwait (m)	al kuwayt (f)	الكويت
Laos (m)	lawus (f)	لاوس
Letónia (f)	lātviya (f)	لاتفيا

Líbano (m)	lubnān (f)	لبنان
Líbia (f)	lībiya (f)	ليبيا
Liechtenstein (m)	liʃtinʃṭāyn (m)	ليشتنشتاين
Lituânia (f)	litwāniya (f)	ليتوانيا
Luxemburgo (m)	luksimburɣ (f)	لوكسمبورغ

| Macedónia (f) | maqdūniya (f) | مقدونيا |
| Madagáscar (m) | madaɣaʃqar (f) | مدغشقر |

Malásia (f)	malīziya (f)	ماليزيا
Malta (f)	malṭa (f)	مالطا
Marrocos	al maɣrib (m)	المغرب
México (m)	al maksīk (f)	المكسيك
Myanmar (m), Birmânia (f)	myanmār (f)	ميانمار

| Moldávia (f) | muldāviya (f) | مولدافيا |
| Mónaco (m) | munāku (f) | موناكو |

Mongólia (f)	manɣūliya (f)	منغوليا
Montenegro (m)	al ʒabal al aswad (m)	الجبل الأسود
Namíbia (f)	namībiya (f)	ناميبيا
Nepal (m)	nibāl (f)	نيبال
Noruega (f)	an nirwīʒ (f)	النرويج
Nova Zelândia (f)	nyu zilanda (f)	نيوزيلندا

101. Países. Parte 3

Países (m pl) Baixos	hulanda (f)	هولندا
Palestina (f)	filisṭīn (f)	فلسطين
Panamá (m)	banama (f)	بنما
Paquistão (m)	bakistān (f)	باكستان
Paraguai (m)	baraɣwāy (f)	باراغواي
Peru (m)	biru (f)	بيرو
Polinésia Francesa (f)	bulinīziya al faransiyya (f)	بولينزيا الفرنسيّة
Polónia (f)	bulanda (f)	بولندا
Portugal (m)	al burtuɣāl (f)	البرتغال
Quénia (f)	kiniya (f)	كينيا
Quirguistão (m)	qirɣizistān (f)	قيرغيزستان
República (f) Checa	atʃ tʃīk (f)	التشيك
República (f) Dominicana	ȝumhūriyyat ad duminikan (f)	جمهوريّة الدومينيكان
Roménia (f)	rumāniya (f)	رومانيا
Rússia (f)	rūsiya (f)	روسيا
Senegal (m)	as siniɣāl (f)	السنغال
Sérvia (f)	ṣirbiya (f)	صربيا
Síria (f)	sūriya (f)	سوريا
Suécia (f)	as suwayd (f)	السويد
Suíça (f)	swīsra (f)	سويسرا
Suriname (m)	surinām (f)	سورينام
Tailândia (f)	taylānd (f)	تايلاند
Taiwan (m)	taywān (f)	تايوان
Tajiquistão (m)	ṭaȝīkistān (f)	طاجيكستان
Tanzânia (f)	tanzāniya (f)	تنزانيا
Tasmânia (f)	tasmāniya (f)	تاسمانيا
Tunísia (f)	tūnis (f)	تونس
Turquemenistão (m)	turkmānistān (f)	تركمانستان
Turquia (f)	turkiya (f)	تركيا
Ucrânia (f)	ukrāniya (f)	أوكرانيا
Uruguai (m)	uruɣwāy (f)	الأوروغواي
Uzbequistão (f)	uzbikistān (f)	أوزبكستان
Vaticano (m)	al vatikān (m)	الفاتيكان
Venezuela (f)	vinizwiyla (f)	فنزويلا
Vietname (m)	vitnām (f)	فيتنام
Zanzibar (m)	zanȝibār (f)	زنجبار

www.ingramcontent.com/pod-product-compliance
Lightning Source LLC
Chambersburg PA
CBHW070831050426
42452CB00011B/2235